ESSAIS
SUR
LES VOYAGES AÉRIENS
D'EUGÈNE ROBERTSON,

EN EUROPE, AUX ÉTATS-UNIS D'AMÉRIQUE ET AUX ANTILLES;

SUIVIS

D'OBSERVATIONS

SUR LES COURSES DE CHEVAUX LIBRES

DITS BARBERI,

PAR E. ROCH.

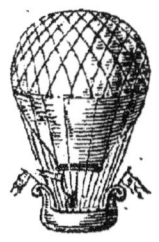

PARIS.
LANDOIS ET BIGOT, LIBRAIRES,
RUE DU BOULOY, N° 10,

ET CHEZ TOUS LES MARCHANDS DE NOUVEAUTÉS.

1831.

ESSAIS
SUR
LES VOYAGES AÉRIENS
DE M. EUGÈNE ROBERTSON.

PARIS.—DE L'IMPRIMERIE DE RIGNOUX,
RUE DES FRANCS-BOURGEOIS-S.-MICHEL, N° 8.

ESSAIS
SUR
LES VOYAGES AÉRIENS
D'EUGÈNE ROBERTSON,

EN EUROPE, AUX ÉTATS-UNIS D'AMÉRIQUE ET AUX ANTILLES;

SUIVIS

D'OBSERVATIONS

SUR LES COURSES DE CHEVAUX LIBRES

DITS BARBERI.

PAR E. ROCH.

PARIS.
LANDOIS ET BIGOT, LIBRAIRES,
RUE DU BOULOY, N° 10,
ET CHEZ TOUS LES MARCHANDS DE NOUVEAUTÉS.

1831.

Un des amis de M. Eugène Robertson, qui est aussi le mien, vint me prier, il y a une quinzaine de jours, d'écrire quelques pages sur les Voyages aériens de ce jeune aéronaute. Il s'agissait d'un travail pressé : M. Eugène Robertson ayant formé le dessein d'exécuter au *Champ-de-Mars*, très prochainement, une de ces brillantes ascensions dont il a fait jouir plusieurs pays étrangers, éprouvait le désir très naturel de donner à ses concitoyens, avant le jour de l'exécution, une idée des succès qui pouvaient l'autoriser à solliciter leur confiance et à essayer un spectacle de ce genre au CHAMP-DE-MARS, l'écueil, jusqu'à ce jour, de tant d'expériences aérostatiques. Il fallut donc faire composer à mesure que j'écrivais; j'avais cru, d'abord, pouvoir tout renfermer en deux feuilles d'impression; mais la matière, plus variée que je ne l'aurais pensé, s'étendait singulièrement, et il était difficile que l'imagination, en contact avec des sujets si propres à l'électriser, ne prît pas un essor inopportun ; le temps m'a manqué pour lui couper les ailes, et voici ce qui est arrivé : voulant faire cet écrit très court, certaines choses, qui s'y trouvent, n'auraient peut-être pas dû y avoir place; puis, l'ayant fait si long, certaines choses, qui ne s'y trouvent pas, auraient pu y paraître très bien placées, de sorte qu'il se pourrait que j'eusse à demander pardon tout à la fois pour ce qu'il contient et pour ce qu'il ne contient pas. Comme je n'ai fait ni une simple notice, ni une histoire complète, le titre d'*Essais* m'a paru me tirer d'embarras. J'aurai du moins atteint un but essentiel, celui de présenter, à temps, ce travail aux personnes qui seront jalouses de faire connaissance avec M. Eugène Robertson, avant d'être témoin de son ascension au Champ-de-Mars.

TABLE SOMMAIRE.

Ire ASCENSION. (LISBONNE, 14 mai 1819). . . . . Page 1

Travaux de M. Robertson le père. — Eugène Robertson à l'ascension de Riga ; — A l'ascension de Vienne. — Sa première ascension à Lisbonne. — L'aéronaute et le *frère de la montagne*. — Le sermon et l'aérostat.

IIe ET IIIe ASCENSIONS. (LISBONNE ET PORTO, 12 décembre 1819 et 25 juin 1820). . . . . Page 6

Amour des périls. — Hardiesse d'une descente en parachute. — Tableau animé du départ. — Perplexité dans les airs. — Descente en parachute d'Eugène Robertson. — Ovation dans la ville et au théâtre. — Ascension à Porto. — Tentative d'une dame pour s'enfuir en ballon. — Panorama des environs de Porto.

IVe ASCENSION. (LISBONNE, 8 avril 1822). . . . . Page 12

Les montgolfières et les ballons à gaz. — Difficultés des préparatifs d'une ascension. — Affiches sur affiches. — Appareil ingénieux contre les flots. — Le lapin en parachute. — Différence de température du gaz de l'aérostat et de l'air atmosphérique. — Influence des régions supérieures sur le moral. — Lisbonne, vue d'en haut. — Exemple curieux de navigation aérienne par les courants opposés. — Dangers de l'enthousiasme populaire.

Ve ASCENSION. (NEW-YORK, 9 juillet 1825). . . . . Page 18

La Fayette en Amérique. — Départ d'Eugène Robertson pour les États-Unis. — Caractère des Parisiens et des New-Yorkois. — Le *Castle-Garden*. — Image allégorique des deux hémisphères du ballon. — Stances énergiques d'Édouard Louvet. — L'étendard tricolore. — Adieux de La Fayette à l'aéronaute. — Le mois de juillet à quatre époques.

VIe VIIe ASCENSIONS. (NEW-YORK, 5 septembre 1825 et 20 septembre 1826). . . . . Page 24

Le vaisseau aérien *la Minerve*. — Possibilité de la direction des aérostats. — Seconde ascension à New-York et descente de la première. — La pluie, le ballon, le public, Bonaparte, le négociant et l'aéronaute. — Les journalistes de New-York et les feux d'artifices dans les airs. — Brillante ascension nocturne avec feu d'artifice. — Parachute coloré. — Étoile lumineuse; — Distance de son apparition en mer. — Effet de lune. — Accident de la soupape. — Apparence d'une chute dans les flots. — Descente à *Long Island*.

VIIIe ASCENSION. (NEW-YORK, 10 octobre 1826) . . . . Page 33

Roman dans les nuages. — Flottille de cinq ballons. — La baie de New-York. — Ascension avec une jeune dame. — Bourdonnement d'oreilles. — Arc-en-ciel du soleil couchant. — Diminution des objets. — Transmission du son. — Expérience du docteur Jeffries. — Le vin de Champagne dans les nues. — Expansion de l'âme. — La lune et les brouillards. — Erreur d'acoustique. — Continuation du voyage par ricochets. — Des cente de la jeune voyageuse. — Second départ de l'aéronaute. — Mutinerie des petits ballons. — Les *bains d'air*.—Usage du *lock* ou flotteur. — Calme surprenant de la nuit et ses effets.— Élévation à 3,530 toises. — Expériences sur l'acide muriatique ; — sur la potasse ; — sur les hémisphères de Magdebourg ; — sur la pesanteur comparée à terre et dans l'air ; — sur l'éther sulfurique ; — sur l'électricité. — Froid excessif.— Descente à Westfield et inquiétudes à New-York. — Départ pour la Nouvelle-Orléans.

IX⁰ ET X⁰ ASCENSIONS. (NOUVELLE-ORLÉANS, 25 février et 29 avril 1827)........................ Page 45

Navigation maritime et navigation aérienne. — Arrivée singulière à la Nouvelle-Orléans. — Mobilité de la population à cause de la fièvre jaune. — Souvenirs de La Fayette. — Le duc de Chartres, professeur de mathématiques. — Mœurs françaises en Amérique. — Dangers d'une ascension à la Nouvelle-Orléans. — Lacs et prairies tremblantes. — Première ascension aérostatique exécutée dans la Louisiane. — Descente dans une forêt de cyprès. — Détails curieux. — L'esclavage des Nègres. — Le duel et la servitude. — Embarquement des Osages pour l'Europe.— Seconde ascension avec une actrice. — Jolis vers. — Banquet offert à l'aéronaute par les jeunes gens de la ville. — Premières atteintes de fièvre jaune. — Navigation sur le Mississipi. — La *Nouvelle Héloïse*, et le jeune mourant. — Le saut du Niagara. — L'arche de Noé sur la cataracte. — Vengeance d'une jeune Indienne.

XI⁰ ASCENSION. (A LA HAVANE, 19 mars 1828)........ Page 63

Christophe Colomb et le géant Adamastor. — Anniversaire de la première messe célébrée dans l'île de Cuba. — Description de l'ascension d'Eugène Robertson, par M. Ramon de la Sagra. — L'aéronaute reconnu comme créature humaine. — Recette considérable et frais énormes d'une seconde ascension. — Double danger de ces expériences à la Nouvelle-Orléans et à la Havane. — Nombre et formes singulières des voitures à la Havane. — Rapprochement historique de 1492 et de 1829.

XII⁰ XIII⁰ ET XIV⁰ ASCENSIONS. (NEW-YORK ET PARIS, 18 septembre, 22 octobre 1828 et 3 août 1829)............ Page 70

Le retour dans la patrie. — Nouvelle ascension à New-York. — L'aéronaute renversé de la nacelle. — Lutte affreuse au milieu des airs. — Chute dans les bras de ses amis. — Des accidents en toutes choses. — Dernière ascension à New-York en présence des sauvages Winnebagos. — Détails intéressans sur leur nation, leurs personnes et l'objet de leur visite à New-York. — Impression sur eux d'un spectacle aérostatique, leur dissimulation. — *Oasis* de sauvages dans les États-Unis. — Départ avec Mlle Virginie Marette.—Descente dans un fleuve. — Navigation d'une double nature. — Retour en France. — Ascension à Tivoli. — Vitesse de la marche du ballon. — Projet d'un ouvrage plus important que ces *Essais*.

OBSERVATIONS sur les Courses du Champ-de-Mars et sur les Courses de chevaux libres dits *Barberi*.............. Page 84

FIN DE LA TABLE.

ESSAIS
SUR
LES VOYAGES AÉRIENS
D'EUGÈNE ROBERTSON.

Ire ASCENSION.

LISBONNE.

14 mai 1819.

> *Occupat ille levem juvenili corpore currum,*
> *Statque super!* ...
> (Ovide.)
> Il s'empare du char léger avec sa jeune ardeur
> et s'y tient debout.
>
> *Sic itur ad astra.*
> (Virgile.)
> C'est ainsi qu'on va aux astres.

Parmi les personnes qui se sont fait une réputation dans la partie expérimentale des sciences naturelles, il en est peu dont le nom ait été plus répandu en France que celui de M. E. G. Robertson. Le genre des expériences de ce physicien explique sa popularité : ce sont les phénomènes les plus frappans de la nature, et en quelque sorte les plus mystérieux qu'il s'est appliqué philosophiquement à dévoiler aux regards des gens du monde et du vulgaire. Sa *Fantasmagorie*, mot dont s'est enrichie depuis lui la langue française, a réalisé les conjectures des savans sur les prodiges de l'antiquité et éclairé les esprits sur les miracles de tous les cultes secondés par la superstition; le premier, il a fait connaître en France les merveilleux effets du *galvanisme*; par ses nombreux voyages aérostatiques dans les principales villes de l'Europe, il a propagé au loin la gloire de cette découverte toute française; enfin, il a su s'approprier, soit par des perfectionnemens remarquables ou par une grande habileté de leur emploi les plus ingénieuses combinaisons de la mécanique (*). Pour résumer ses travaux en quelques lignes, on pourrait dire de lui, s'il était l'inventeur de toutes ces choses, qu'il a donné un corps aux ombres, le mouvement aux cadavres, la voix de l'homme aux êtres inanimés, et un char volant au bipède humain.

M. Robertson n'a point négligé de se préparer des héritiers dans la carrière des aérostats, et tandis que le plus jeune de ses fils, M. Dimitri, renouvelait les expériences de son père en Russie, où il est encore, l'aîné, M. Eugène Robertson, celui dont ces *Essais* ont pour but de faire connaître les Voyages aériens, allait étonner, par le spectacle de ses ascensions, des contrées américaines où l'on n'avait encore jamais vu d'homme monter dans les airs et fendre les nues.

S'il est naturel, en effet, que les récits du soldat, du marin, de l'homme cosmopolite, inspirent dans leurs familles le goût des armes, des flots et des chaises de postes, on conçoit combien les détails de ces excursions hardies au sein des nuages, racontées à des amis en présence de jeunes enfans dont le caractère est toujours aventureux, étaient propres à éveiller leur imagination et à exciter dans leur esprit l'impatience de se livrer aux mêmes tentatives.

(*) M. Robertson s'occupe en ce moment de rédiger ses *Mémoires*, auxquels une grande variété de matières donnera un intérêt très attachant. Le premier volume a paru; on se le procure chez l'auteur, boulevard Montmartre, n° 12, et chez Würtz, rue de Lille, n° 17.

Dès l'âge de trois ans, M. Eugène Robertson était témoin, à Riga, des applaudissemens unanimes qui saluaient le départ de son père pour les hautes régions. On trouve la description de cette ascension dans les souvenirs d'un *Voyage en Livonie, à Rome et à Naples*, par KOTZEBUE. « J'aime, dit cet écrivain célèbre, la hardiesse et la tran- « quillité de Robertson; il faisait ses préparatifs avec « autant de sang-froid que de promptitude; il avait même « tellement inspiré la sécurité à son épouse (*), qu'elle vit « approcher, sans émotion visible, le moment où une « mer immense et sans rochers devait la séparer de son « époux, tandis que son fils, joli enfant, courait en se « jouant au milieu des spectateurs. »

Deux ans plus tard, M. Robertson fit à Vienne une magnifique ascension, en présence de toute la cour et d'une multitude immense. Monté dans sa nacelle, on lui donna son fils qu'il y embarqua près de lui; déja le ballon faisait le tour du cercle et l'aéronaute achevait ses adieux; on allait voir le spectacle intéressant, mais plein d'anxiété, d'un jeune enfant quittant la terre avec joie, avec le sourire d'une innocente hardiesse, pour aller réaliser au milieu des nuages la plus riante fiction de la mythologie ou les tableaux les plus gracieux du christianisme; car, d'un charmant petit garçon d'ici bas, on fait au ciel un ange ou un amour; mais M. le comte de Cobentzel, premier chambellan de sa majesté autrichienne, s'approcha

---

(*) L'esprit et les autres qualités de Mme Eulalie Robertson ne la firent pas moins aimer que sa beauté dans les divers pays où elle accompagna son époux. Un jour, en se promenant avec son fils, elle lui montra Grétry, qui était Liégeois et compatriote de M. Robertson le père; elle lui faisait remarquer combien le grand âge du célèbre compositeur rendait sa marche difficile... Huit jours après, Mme Robertson, à peine âgée de trente-quatre ans, n'existait plus; Grétry lui survécut de deux jours.

de la nacelle, supplia M. Robertson, dont il était l'ami, de ne point emmener son fils, et l'enleva au frêle esquif. Ce trait peint à merveille la tranquillité dont Kotzebue loue l'aéronaute et sa confiance dans son art. On peut ne pas craindre pour soi-même des périls douteux, mais ne pas les craindre pour son enfant, c'est être bien sûr qu'ils ne sont qu'imaginaires.

Les études du collége occupèrent ensuite la jeunesse de M. Eugène Robertson, pendant tout le temps que son père demeura en Russie et en Allemagne; puis il vint à Paris suivre les cours de physique du célèbre Charles, pour ainsi dire le second créateur des aérostats. En 1819, M. Robertson voulut exécuter une ascension à Lisbonne, et le 14 mai une assemblée brillante remplissait les jardins de Son Excellence madame la comtesse d'Anadia pour jouir de ce beau spectacle; les spectatrices, toutes élégamment parées et un grand nombre de la figure la plus séduisante, témoignaient à l'aéronaute une bienveillance encourageante; un ciel pur et serein, un ciel de Lusitanie, promettait le plus heureux voyage ; le jeune Robertson, exalté par la vue de tout ce qui l'environne et par la beauté du ciel, supplie son père de le laisser partir à sa place. Celui-ci hésite : son fils redouble ses instances; quelle occasion plus brillante de lui ouvrir la carrière!... Il m'est impossible d'éluder ici la comparaison : c'est, trait pour trait, mot pour mot, Phaéton aux genoux de Phébus, mais son sort sera différent... Il s'élance dans la gondole! la dernière corde qui le retient encore s'échappe quoique lentement et à regret de la main paternelle; alors il monte avec majesté au son de l'hymne national et aux applaudissemens des spectateurs. Assez long-temps il plane comme suspendu au dessus de Lisbonne; il distingue les palais, les édifices qui lui paraissent avoir pour base l'Océan! A mesure qu'il s'élève, ce cadre se resserre au point de ne plus lui laisser voir le Tage et ses sinuosités que comme un étroit ruban qui serpente.

Le vent dirigeait sa course vers l'ouest; au dessus de Bemfica, il aperçoit un grand rassemblement de curieux ; il descend au milieu d'eux, leur distribue des couplets, et les quitte en s'élevant de nouveau ; mais le voisinage de la mer le force à prendre terre dans les montagnes de Cintra. La violence du vent brisa son ancre, et le ballon rebondissant l'emportait de place en place; par bonheur un révérend père des capucins de la montagne, frère *Carlos de la Conception*, qui venait de remplir son ministère dans un village voisin, aperçoit l'embarras et le danger de l'aéronaute, descend de sa monture, et s'accroche fortement à la nacelle qui menace de l'entraîner aussi, jusqu'à ce qu'enfin des habitans de la campagne arrivent à leur secours. Il se passa même un fait assez singulier : un curé qui prêchait avec onction vit tout à coup déserter son auditoire à l'aspect du ballon qu'on aperçut à travers les vitraux gothiques ; quelques pieux marguilliers sortirent les derniers, mais sortirent cependant ; deux vieilles femmes, fort peu ingambes, tinrent seules en place et allumèrent pieusement des cierges afin de repousser le diable qu'elles croyaient s'être fait homme pour traverser les airs.

A Cintra, M. Eugène Robertson eut la joie d'embrasser son père auquel l'inquiétude n'avait pas permis d'attendre à Lisbonne le résultat de ce premier début.

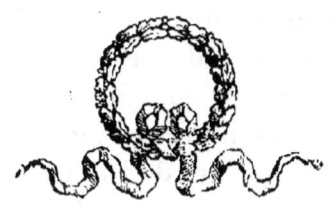

IIe ET IIIe ASCENSIONS.

PREMIÈRE DESCENTE EN PARACHUTE.

LISBONNE ET **PORTO.**

12 décembre 1819 et 25 juin 1820.

Protinus ætheriâ tollit ad astra viâ.
(OVIDE.)
Il s'élève aussitôt vers les astres
par une route aérienne.

Totus in terram ruit.
(VIRGILE.)
Il se précipite tout entier vers la terre.

Il est un âge de témérité, où l'audace s'aiguillonne par elle-même, où, après le premier élan, le courage ne connaît plus de borne à ce qu'il peut oser ; l'intrépidité qui vient de surmonter un péril en appelle un plus grand, et regarde le premier avec mépris. J'imagine un jeune montagnard franchissant des ravins, puis cherchant des précipices et dédaignant bientôt de s'évertuer à des sauts hardis qui n'ouvriraient point au dessous de lui un abîme. Telle est l'ardeur du jeune homme de vingt ans, telle était celle d'Eugène Robertson, après cette première expérience qu'il avait abordée en artiste, sans calcul, mais avec enthousiasme et par la faveur du hasard; dès lors il ne rêvait plus que les airs comme le coursier rêve la carrière.

Après la tentative aventureuse de se laisser emporter dans les couches supérieures de l'atmosphère, suspendu à un globe fragile, qui n'est suspendu lui-même à rien, sans appui, sans résistance contre les orages, jouet du moindre souffle et ballotté par toutes les ondulations aériennes, il ne restait plus à ce qu'Horace eût appelé l'extravagance humaine, que de se séparer au milieu des nuages de cette sphère flottante, sans laquelle la présence de l'homme loin de la terre devient une anomalie aux lois de la nature; à ces lois promptes à se venger par une violente attraction vers le centre dont il s'est écarté. Alors il tombe rapidement et semble devoir briser sa faible structure sur le sol où il est né, lorsque soudain un léger dôme de soie, s'arrondissant au dessus de sa tête, oppose la résistance d'une surface concave à la pesanteur qui l'attire, comprime avec effort l'élasticité de l'air qui la repousse, et, par cet équilibre continuel, vient déposer doucement le fardeau d'un être humain au lieu de son origine, et rendre sain et sauf à la vieille Cybèle un de ses enfans.

Cette expérience du parachute est celle que M. Eugène Robertson choisit pour son second coup d'essai et brûle du désir d'exécuter. Il désigne le 12 décembre 1819, et ce jour-là, ses affiches, que la défiance de la police n'avait point permis de placarder lors de l'ascension précédente, étalées sur les murs de Lisbonne, attirent vers la *Quinta* de S. Exc. le vicomte de Bahia, qui avait bien voulu permettre d'en disposer pour cette expérience, un concours encore plus considérable que la première fois. Tandis qu'une foule innombrable couvre tous les lieux environnans, l'assemblée la plus brillante qu'on puisse imaginer remplissait l'enceinte et les loges. Les préparatifs du départ, dirigés par l'habileté de M. Robertson le père, s'exécutent avec promptitude et succès. A trois heures et demie, le signal de l'ascension est donné, l'aéronaute ordonne de lâcher les cordes; l'enthousiasme se peint sur ses traits. Le nombre immense des spectateurs, le mélange si pittoresque des deux sexes, l'éclat et la bigarrure des vêtemens où mille couleurs, mille nuances semblent confondues ; la foule des regards dirigés sur lui seul, sorte d'hommage que toutes les femmes lui envient; un murmure général d'approbation, la voix de ses amis qui se perd avant d'arriver à lui et dont les exhortations lui sont attestées par leurs gestes ; les sons interrompus de l'harmonie d'une musique militaire, le bruit des applaudissemens qu'il écoute encore lorsqu'il ne les entend plus; enfin, le fracas de l'artillerie qui le salue par trois détonations successives, tout se réunit pour l'animer, pour exalter son imagination, et porter le ravissement dans son âme jusqu'aux régions élevées qu'il atteint par une ascension rapide, dès qu'il a renvoyé à terre le drapeau national qui brillait dans ses mains... Déja son ballon n'apparaît plus en bas que comme un disque de trois ou quatre palmes de diamètre, il surnage à deux mille toises au dessus de la masse terrestre qui sert de fond au fluide aérien comme à l'eau de la mer. Voici le moment d'abandonner à cet autre élément des tempêtes l'enveloppe sphérique qui tient lieu de scaphandre au jeune voyageur, et de plonger perpendiculairement à travers les couches de l'atmosphère ; l'aéronaute va couper le seul lien qui le suspend à une si haute élévation ; lui seul peut décrire ses sensations :

« Alors, dit-il, était venu le moment de trancher peut-être le fil de mes destins ; je n'apercevais plus les milliers de spectateurs auxquels je servais de point de mire, mais je les voyais encore, je lisais dans leurs yeux avides la crainte et l'impatience, le désir et l'anxiété; je n'hésitai pas un instant, je saisis un pistolet, instrument de suicide, dont l'explosion devait annoncer et opérer la rupture de la corde; l'humidité l'empêcha de partir; j'essayai d'enflammer un petit sac de poudre qui ne prit pas feu; je recourus à mon canif, mais je remarquai alors que la corde principale, tout à fait neuve, était retorse et aurait à subir un tournoiement prolongé pour revenir à l'état naturel; les petites cordes du parachute enroulées à l'entour ne formaient qu'un seul cable avec elle, et pouvaient nuire au déploiement. Cependant il fallait prendre un parti prompt, je me résignai subitement à toutes les chances. Je démêle soigneusement avec mon canif les différentes cordes pour n'en couper qu'une seule; au dernier coup de canif, je me sens couler d'abord doucement, puis je reste suspendu un quart d'heure, peut-être, par les petites cordes encore entrelacées, enfin je tombe brusquement à cinq ou six cents pieds dans l'espace avec la rapidité de l'éclair, en moins de temps qu'il n'en faut, en apparence, pour former une idée, et mille idées ont le temps de traverser mon cerveau; je me rappelle l'exactitude de mes préparatifs et de mes calculs, ils me rassurent, mais l'action de l'air me fait éprouver au physique et au moral quelque chose d'indéfinissable? Vais-je ainsi être précipité sans autre point d'arrêt que la terre?... Tout à coup j'éprouve une réaction sensible, et je me sens remonter de plusieurs pieds; un pavillon protecteur s'est déployé au dessus de moi, et toutes les cordes, simultanément tendues en rayons obliques, ont attiré en haut la nacelle; dès lors les combinaisons de l'art modèrent ma descente et en règlent la vitesse; je respire librement; remis de mon trouble, je ne crains plus de fixer mes regards sur le but de ma course; je cherche à distinguer les objets qui se dessinent plus nettement à mesure que je m'en approche; les sons de mon cor de chasse retentissent dans l'air plus condensé, comme pour célébrer le retour d'un mortel dans le domaine assigné à son organisation, et comme le vieux Romain, c'est avec joie, avec ivresse que j'embrasse la terre, ma mère chérie. »

Ce fut à un quart de lieue de Lisbonne, derrière une petite maison sur la route, entre *Larenjeiras* et *Luz* que M. Eugène Robertson opéra sa descente, trente minutes après son départ de Lisbonne, et quinze minutes après sa séparation de l'aérostat. Son parachute était déjà plié et serré dans la nacelle, lorsque des gens accourent à son aide et ne furent pas peu surpris de le trouver là, sans appareil, comme si la magie s'y était employée. Il monta sur-le-champ à cheval et prit la route de Lisbonne. Un grand concours de peuple s'était porté à sa rencontre et l'accompagna de *vivats* jusqu'au milieu de la capitale. Le même soir, une de ces ovations imprévues, qui seules suffiraient à payer de longues années de travaux pour l'ame d'un artiste, attendait M. Robertson au théâtre; il alla s'enfoncer dans un coin de la salle pour jouir du spectacle; mais quelques uns de ses voisins le reconnurent; en un instant toute l'assemblée fut debout, et, par des applaudissemens et des acclamations unanimes, témoigna son admiration et sa sympathie pour le courage du jeune aéronaute, tandis que les acteurs ignorant la cause et l'objet de cet enthousiasme, restaient sur la scène stupéfaits et comme déconcertés. En faisant remarquer que les dames portugaises prenaient une part active aux *bravos*, ajoutons, pour nous montrer narrateurs consciencieux, que celui qui en était l'objet, âgé alors de dix-neuf ans à peine, était doué d'un extérieur agréable, digne d'inspirer de l'intérêt en faveur de son courage.

Il y avait vingt-quatre ans, lors de l'ascension du 14 mai, que Lisbonne n'en avait point eu dans ses murs, et cette ville était témoin pour la première fois, le 12 décembre, d'une descente en parachute. «Cette ex« périence, dit la *Gazette de Lisbonne* du 16, n'a pas dû être « moins intéressante pour le petit nombre de spectateurs « qui l'auraient vue dans d'autres pays : il est difficile que « l'on ait offert dans quelque autre endroit le spectacle « d'une descente en parachute avec plus de perfection et « de soin de la part de l'artiste, et devant un cercle de « spectateurs plus brillant et plus nombreux. »

M. Eugène Robertson exécuta encore deux ascensions en Portugal, dont l'une à Porto, le 25 juin 1820, à l'occasion de la fête du roi Jean VI. Une dame avait sollicité vivement la permission de faire une promenade aérienne avant l'ascension; elle monta donc dans la nacelle retenue captive, à une certaine élévation; mais jalouse de s'aventurer librement dans les airs, cette jeune personne avait caché, dans son mouchoir, un canif pour affranchir l'aérostat, et une lettre qu'elle aurait laissé tomber pour révéler son dessein après l'exécution. Heureusement, M. Eugène Robertson, dont les yeux ne quittaient point la nacelle, vit briller l'arme complice; il ramena si vivement et avec tant de promptitude le ballon au milieu de l'enceinte, qu'il ne resta à cette dame que la gloire d'avoir tenté, le regret de n'avoir point réussi et le dépit charmant de s'être laissée surprendre sans pouvoir nier. M. Robertson lui présenta la main avec grace, la félicita sur son intrépidité, prit sa place, et partit. Il faudrait, comme lui, avoir voyagé au dessus de cette partie du Portugal pour imaginer la variété des aspects que sa vue embrassait: le *Douro*, courant au loin, ici se cachant entre les montagnes, et ailleurs reparaissant tout à coup; la cité de Porto, centre de jardins délicieux, en opposition avec de vertes forêts des coteaux; élevés comme en montagnes et couverts de vignes le long de la rivière; des flots d'épis dans les champs, des nappes de gazon dans les prairies, et, comme un serpent qui cherche à s'introduire dans son antre, le *Rio ave* se dirigeant vers la mer, toute resplendissante elle-même de la vaste réflexion du soleil couchant... L'aéronaute descendit dans la commune de Ferreiro, à sept lieues de Porto, et il y était encore que le public au théâtre de cette ville demandait à grands cris qu'il se montrât pour recevoir des témoignages d'admiration.

L'autre ascension eut encore lieu à Lisbonne sur la place des Taureaux; c'est la première où les préparatifs et le remplissage du ballon furent soumis à la seule expérience du jeune aéronaute, elle mérite quelques détails.

IVᵉ ASCENSION.

LISBONNE.

8 avril 1822.

. . . Ipse levi vectus per inania curru.
(TIBULLE.)

Il est porté à travers l'espace sur un char léger.
C'est lui qui vous ouvrit cette route effrayante,
Sur un brasier ardent il a posé sa tente;

Sa voix commande au feu de la porter dans l'air.
(GUDIN DE LA BRENELLERIE.)

Ces vers de Gudin de la Brenellerie, qui en compte peu d'aussi heureux que le second, peignent la Montgolfière, c'est-à-dire le ballon pour lequel on a féminisé le nom de son inventeur, et la découverte de l'aérostation à son premier degré; c'est le célèbre professeur de physique Charles qui l'a fait arriver au second degré qu'elle n'a pas encore franchi, c'est-à-dire à l'emploi du gaz hydrogène.

Des accidens nombreux et des dangers trop certains ont fait abandonner depuis long-temps et même prohiber, en divers pays, l'ascension d'un homme en Montgolfière; quant à l'usage de ces machines, comme il est possible de leur donner les formes les plus élégantes et les plus nobles, même de grandes dimensions d'architecture, elles pourraient servir fréquemment à embellir d'un beau spectacle les fêtes publiques, si l'on n'avait point à craindre qu'elles n'occasionnassent des incendies. Les ballons à gaz sont, par conséquent, les seuls qu'on emploie; mais il s'en faut beaucoup que les préparatifs de leur départ soient aussi faciles et d'aussi peu de frais. L'opération de la génération du gaz est très compliquée, très dispendieuse, et peut être contrariée par une foule de causes; souvent l'impatience du public ne permet pas de l'achever ; l'aéronaute se contente de l'à-peu-près et, à quelques pieds de terre, ne possède plus la force ascensionnelle suffisante : aussi n'est-il pas rare de voir manquer des ascensions soit par vice de calcul, soit par précipitation. Les soins nécessaires au succès d'un voyage aérien sont beaucoup plus multipliés qu'on ne le pense communément, et personne ne se fait une juste idée des tracasseries et des angoisses d'un aéronaute pendant les douze dernières heures qui précèdent le départ; l'auteur dont on joue la pièce pour la première fois n'est pas plus agité entre la crainte et l'espérance : le beau moment, pour lui, c'est l'instant où placé dans sa nacelle, il sent que l'aérostat ne peut plus être contenu et réclame la liberté; alors certain de son vol, il ne pense plus qu'à ses adieux et à son triomphe; le calme renaît dans ses sens et l'expression de cette tranquillité d'ame s'épanouit d'autant mieux sur sa figure qu'il était auparavant plus inquiet et plus troublé.

C'était donc une grande épreuve pour M. Eugène Robertson que d'être abandonné à lui-même pour les préparatifs de son expérience, surtout dans un pays étranger, où l'on se fait comprendre si difficilement, et où l'intelligence de vos aides se met si peu vite en rapport avec la vôtre; néanmoins il surmonta tous les obstacles.

L'occasion de cette ascension était le retour de l'excellent roi Jean VI en Portugal. Sa Majesté avait fait espérer qu'elle y assisterait, mais la veille seulement elle fit prévenir qu'elle ne s'y rendrait pas. Ce fut là un premier contre-temps qui devait changer toute la physionomie de l'assemblée. Le moyen singulier dont un poète portugais se servit pour rendre publique une de ses productions occasionna un second désappointement. M. Robertson trouva toutes ses affiches couvertes par une autre ainsi conçue : *Le ballon aux habitans de la lune, dédié au jeune et intrépide aéronaute Robertson.* L'auteur se nommait José Daniel Rodrigues da Costa. On avait composé à Lisbonne et à Porto beaucoup de vers en son honneur, mais aucun poète ne s'était avisé d'un tel moyen de publicité.

Une contrariété plus réelle l'attendait le jour même de l'ascension : en entrant dans la salle où était son ballon, il ne le trouva plus ; qu'était-il devenu ? quel coup pouvait avoir préparé la malveillance ? Il se livrait aux plus vives inquiétudes, lorsqu'on lui apprit qu'un garçon, par un zèle mal entendu, l'avait porté sur la place des Taureaux. Il y courut aussitôt et trouva plusieurs déchirures ; le pis, c'est que la corde de la soupape qui se place en dedans n'était point posée ; rien de plus facile lorsque le ballon est gonflé, et qu'on peut y entrer, en sortir ou y séjourner à volonté ; mais comment se frayer un chemin entre deux parois de soie gommée en contact l'une avec l'autre ; il y parvint, quoiqu'il faillit presque étouffer faute d'air, car le soleil était brûlant.

Un peu avant le départ, une averse tomba, mais la pluie cessa presque aussitôt, et l'aéronaute partit à cinq heures vingt minutes, après avoir fait le tour de l'enceinte, au milieu des marques les plus vives de la satisfaction générale, tous les spectateurs agitant leurs chapeaux en signe d'adieux. En ce moment, une musique militaire exécutait l'*hymne constitutionnel* : le Portugal jouissait alors des douceurs de la liberté... Le vent soufflait faiblement du nord-ouest, et le portait avec lenteur vers *Aldea Gallega*, ville située de l'autre côté du Tage.

Dans le cas où une variation subite du vent le pousserait vers la mer, M. Robertson avait imaginé un petit appareil, d'autant plus ingénieux qu'il était fort simple, dont l'effet devait être de ralentir la vélocité de sa marche après la descente. Aux deux lisières opposées d'une forte toile sont attachés deux tuyaux de fer-blanc dont l'un, hermétiquement fermé, et rempli d'air, flotte sur l'eau, tandis que l'autre, plein de sable, va au fond; des quatre coins de la toile ainsi déployée partent quatre cordes qui, se réunissant en une seule, viennent aboutir à la nacelle. Il est évident que la masse d'eau entraînée par la toile, oppose une résistance considérable à la force du vent, et peut la neutraliser assez pour donner le temps aux secours d'arriver.

Vingt-cinq secondes après son départ, M. Robertson fit descendre en parachute un lapin en ajoutant à son poids trop léger trois livres de lest. Ce parachute employa, pour arriver à terre quatre-vingt-dix secondes, c'est-à-dire trois fois plus de temps qu'il n'en avait fallu au ballon pour parcourir, en montant, la même distance, et alla tomber devant l'ancien palais de l'inquisition, occupé alors par l'intendance de police.

Le ballon allégé s'élevait beaucoup plus rapidement; il était cinq heures 25 minutes. L'aéronaute avait eu la précaution, avant de partir, d'introduire un thermomètre dans le ballon par l'appendice, et avait reconnu 22 degrés pour la chaleur du gaz hydrogène, tandis qu'il n'existait à l'air libre que 17 degrés. Il répéta la même expérience à la hauteur où il était et trouva un refroidissement de 8 degrés; il en vit bientôt la preuve, car l'eau coulait par l'extrémité inférieure du col du ballon.

Notre jeune voyageur, qui avait éprouvé, comme je l'ai déjà dit, plusieurs contrariétés, se trouvait, à son départ, dans un état de l'ame où dominaient la froideur et la mélancolie; ces dispositions s'évanouirent dans les régions supérieures, le sourire vint comme de lui-même effleurer ses lèvres, son cœur cessa d'être oppressé et le malaise disparut : il abaissa ses regards vers la terre, les tableaux variés qu'elle lui offrit, réunis en un seul, excitèrent son admiration ; le port, la ville, les campagnes et la mer se dessinaient séparément, et s'harmoniaient très bien dans un ensemble magnifique. Dans les rues, dans les champs, sur les rives du Tage, une population avide de suivre des yeux l'aérostat, donnait de l'ame et de la vie à ces beautés de la nature. L'aéronaute pouvait distinguer les mouchoirs blancs agités par les dames portugaises, placées sur les terrasses et sur les balcons élevés, et éprouvait un sentiment de fierté en songeant qu'en ce moment tous les cœurs battaient pour lui, et que ce mouvement était son ouvrage !

L'expérience la plus curieuse de son voyage fut certainement celle que voici : le vent l'avait porté au delà du Tage à environ trois lieues de Lisbonne, lorsqu'il remarqua au dessus de sa tête des nuages qui suivaient une route opposée à la sienne ; il lui parut singulier d'atteindre leur hauteur, et de revenir avec eux au dessus de la ville en suivant le courant d'air qui leur imprimait cette marche. Il jeta du lest et parvint à une élévation de 1600 toises. Là, son thermomètre se trouva au dessous de zéro ; il éprouvait un froid très sensible, et respirait difficilement ; l'air inflammable sortait avec force de l'appendice ; l'hygromètre indiquait une température sèche ; car l'air devient si subtil à cette hauteur, qu'il absorbe rapidement l'humidité des corps qu'il environne.

La conjecture de M. Robertson était fondée, et sa tentative réussit pleinement ; il repassa au dessus du Tage, et revint planer au dessus de Lisbonne, où il eût d'abord l'intention de descendre ; mais il apprécia tout le danger d'un tel essai, et effectua sa descente au delà de la ville dans une belle plaine près des aqueducs, de sorte que les mêmes personnes qui avaient été témoins de son départ, purent assister à son retour. Cette expérience de navigation aérienne par le moyen des courans opposés est du plus haut intérêt. Quarante minutes s'étaient écoulées depuis le départ de l'aéronaute, et il avait parcouru un trajet de trois lieues, sans tenir compte des mouvemens et des détours que son heureuse tentative avaient nécessités. Son ballon vint s'arrêter sur la plage d'une jolie campagne nommée *Campolide*, et, comme je l'ai dit, près des *aqueducs*, monument gigantesque et magnifique, comparable aux anciens monumens des Romains.

La foule accourut autour de l'aéronaute; l'enthousiasme était grand, et chacun eût bien désiré avoir quelque bon motif de lui porter secours; on se précipita sur lui pour le tirer d'une ravine où il était descendu; on se jeta sur le ballon pour le dégonfler; M. Robertson fut même renversé et enveloppé dans son filet d'où il ne pouvait plus se dépêtrer; la troupe, obligée d'intervenir, foula le ballon aux pieds pour éloigner les plus ardens. Tout souffrit de cet excès de zèle, l'homme et l'équipage, et peu s'en fallut que l'un et l'autre ne fussent tout-à-fait victimes du bien qu'on leur voulait et de l'admiration qu'ils avaient excitée.... Mais la matière de ces esquisses, que je voudrais tracer rapidement, semble s'étendre! Je me hâte de quitter l'ancien monde et de franchir l'Océan.

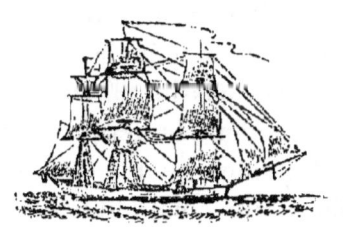

V ASCENSION.

NEW-YORK.

9 juillet 1825.

>   Ce vieil ami que tant d'ivresse accueille,
>   Par un héros, ce héros adopté,
>   Bénit jadis, à sa première feuille,
>   L'arbre naissant de notre liberté ;
>   Mais aujourd'hui que l'arbre et son feuillage
>   Bravent en paix la foudre et les hivers,
>   Il vient s'asseoir sous son fertile ombrage :
>   Jours de triomphe éclairez l'univers.
>
>   (BÉRANGER, *La Fayette en Amérique.*)

Les élections de 1824, en anéantissant dans la Chambre des Députés la représentation des opinions libérales, puisqu'une vingtaine de membres seulement siégèrent sur les bancs du côté gauche, avaient laissé sans mandat l'honorable, le vertueux général La Fayette. Cette bonne fortune, pour ainsi dire, d'un loisir politique auquel son patriotisme n'osait aspirer, lui fit prendre la résolution d'accomplir un vœu de toute sa vie, partagé par tous les habitans des États-Unis. Il alla revoir, sur ce sol transatlantique, la liberté dont il avait aidé les premiers efforts, et qui le retrouva amant septuagénaire comme elle l'avait vu, à vingt ans, adorateur passionné. On sait que l'arrivée du général, qu'on a surnommé le héros des Deux-Mondes, mit en mouvement les vingt-quatre états de l'Union, et que, depuis le vieillard qui comptait le plus grand nombre d'années jusqu'au jeune enfant qui commençait à sourire, toutes les générations se précipitèrent partout sur son passage ; telle fut la suite de ses triomphes dans cette confédération d'hommes libres et de cœurs reconnaissans, qu'il n'a jamais été donné à un autre homme, simple citoyen ou roi, d'en obtenir de plus grands, et dont surtout le cœur, la conscience et la dignité humaines aient été plus satisfaits.

Le récit de ces ovations qui venait émerveiller l'Europe, ranimer les espérances de la liberté dans l'ancien monde et attrister les puissances de l'absolutisme, fit naître dans l'esprit de M. Eugène Robertson le vif désir d'aller porter, au milieu des fêtes américaines, l'appareil d'une machine aérostatique, ce fruit du génie français, cet enfant dont Franklin avait signé l'acte de naissance. Il était certain que M. de La Fayette retrouverait avec plaisir, au sein d'une patrie adoptive, le spectacle d'une des plus belles découvertes dont la gloire appartenait à son pays natal. L'anniversaire de Bunker's-Hill, le 17 juin, parut à M. Robertson la conjecture la plus favorable, et il s'embarqua au Havre dans l'espoir d'arriver à temps à New-York; mais forcé, par quelques arrangemens particuliers, d'abandonner le *Packet-Boat* pour un navire marchand, il ne fut rendu dans la capitale des États-Unis que le jour même de la célébration de cet anniversaire à Boston.

M. Eugène Robertson, au temps de ce voyage, avait déjà parcouru la plus grande partie de l'Europe; il ne trouva pas dans les habitans de New-York, ces témoignages extérieurs et superficiels de notre brillante civilisation, cette facilité de mœurs, cette légèreté d'esprit et de caractère, cette manière leste et enjouée d'effleurer la morale, enfin cette ardeur du plaisir qui fait aimer la société des Français dans tous les pays, parce que leur naturel les porte à répandre partout la gaîté, à fêter quiconque veut augmenter ou partager leurs amusemens; l'accès dans l'intérieur des familles et l'initiation aux jouissances domestiques lui semblèrent peu faciles pour l'étranger, et les réunions d'intimité sociale peu fréquentes; mais ce qui n'échappa point à ses observations, ce fut, dans les conditions même les moins relevées, un caractère grave, de l'instruction, de la politesse accompagnée de réserve, et une noble estime de soi-même.

Il vint certainement en Amérique au moment où le caractère de la nation se montrait sous le jour le plus favorable; si, jamais, aucun homme ne jouit, comme La Fayette, du bonheur d'enivrer de joie tout un peuple par sa présence, c'est que jamais aussi aucun autre peuple ne se montra plus reconnaissant. Le trait qui suit prouve à quel point la vénération était portée pour *l'hôte de la nation*. Un jour que M. Robertson, accueilli chez le général avec bienveillance, l'entretenait dans son hôtel, deux jeunes Américains se présentèrent sans être annoncés; le général s'avança vers eux, leurs regards étaient fixés sur lui et une épaisse rougeur couvrait leur visage; l'un des deux s'esquiva aussitôt, laissant l'autre encore plus interdit, et dans sa confusion, pouvant à peine balbutier quelques paroles pour faire connaître au général que le désir de le voir était le seul but de leur démarche; puis, malgré les paroles de bonté de La Fayette, il se retira encore déconcerté, mais laissant percer sur ses traits la satisfaction d'avoir réussi.

Le général devait quitter pour toujours New-York le 14 juillet; il promit d'assister le 9 au spectacle de la première ascension de M. Robertson en Amérique. L'endroit où elle devait avoir lieu était *Castle-Garden*, là même où La Fayette était débarqué à son arrivée. Il existe plusieurs descriptions du *Castle-Garden* ou jardin du château (c'était autrefois le fort Clinton) placé sur une petite île artificielle, séparée, par le confluent de deux rivières, d'une promenade publique appelée la *Batterie*. On parvient au *Castle-Garden* en traversant un pont jeté sur ce courant; il est devenu le lieu des divertissemens ordinaires des habitans de New-York.

Les remparts, de douze pieds de large environ, sont couverts de bancs abrités par des tentes; sur cette terrasse et dans les cellules ou petites divisions du fort, les Américains viennent respirer la fraîcheur des brises du soir, prendre des glaces et jouir des amusemens variés que le directeur de l'établissement s'efforce d'y réunir. L'enceinte intérieure de deux cents pieds de diamètre, est garnie de gradins qui, s'élevant jusqu'à la hauteur des remparts, forment un amphithéâtre très commode et très pittoresque dans les jours de fête. Dans celle qui fut offerte à La Fayette après son débarquement, et dont Cooper a donné une description détaillée (*), on avait élevé un mât, au milieu de l'enceinte, pour former le sommet d'une tente qui la couvrait tout entière. Ce mât surmonté d'un pavillon devint, comme on le verra par la suite, fatal à M. Robertson.

Le 9 juillet, vers six heures de l'après-midi, une assemblée nombreuse qu'on estimait être de huit à neuf mille personnes, occupait toutes les places du *Castle-Garden*. New-York renferme cent vingt mille habitans, et les mêmes proportions dans une ville comme Paris, produiraient une immense agglomération et une recette énorme qu'aucun spectacle n'a encore eu le pouvoir de réaliser. La *Batterie* était couverte d'une multitude pressée; des milliers de spectateurs occupaient divers bâtimens à vapeur, et des milliers de petits bateaux dérobaient à la vue la surface de l'*Hudson*. A six heures et demie, le général La Fayette, qui avait dîné chez le colonel Varick à Jersey-City, traversa le fleuve sur l'*American Star* (l'Étoile Américaine), et les cris de joie de la foule hors de l'enceinte annoncèrent son approche; accompagné de MM. Fish, Lewis, Morton, du gouverneur Ogden et

---

(*) Voyez *Lettres sur les États-Unis*.

de quelques amis, il vint prendre place sous un pavillon orné avec goût et préparé pour le recevoir.

En ce moment, le ballon presque entièrement rempli, offrait, d'un côté, une image allégorique pleine d'intérêt : l'un des hémisphères représentait çà et là dans une brillante zone d'argent les étoiles de la république en même nombre que les états de l'union ; au dessous, un aigle aux ailes étendues, les carreaux de la foudre dans ses serres d'un côté, une branche d'olivier de l'autre, tenait à son bec une banderolle avec la devise connue des États-Unis : « *È pluribus unum* ». L'hémisphère opposé du ballon n'offrait, au contraire, aucun emblème ; des vers remarquables de M. Ed. Louvet complétaient une explication facile à saisir, les voici :

> O peuples, levez-vous ! l'aigle républicaine,
> A la voix d'un héros s'élance vers les cieux ;
> C'est l'aigle des Brutus, c'est l'aigle américaine,
> Elle oppose aux tyrans son vol audacieux.

> Ils dorment, les tyrans, sur la pourpre royale ;
> Aux éclats de la foudre ils seront réveillés !
> La mort plane sur eux. Leur pompe triomphale
> Insulta trop long-temps aux peuples dépouillés...

> De l'immense univers image trop fidèle,
> La moitié de ce globe est dans l'obscurité,
> L'autre répand l'éclat d'une gloire immortelle :
> L'imposture partage avec la vérité !

> Mais sur le globe entier l'aigle étend son empire,
> Et la liberté sainte enchaîne les mortels :
> Les trônes sont brisés ; le peuple enfin respire.
> WASHINGTON, LA FAYETTE ont partout des autels.

Aussitôt que le remplissage fut achevé, M. Robertson, revêtu d'un habillement militaire enrichi de broderies, se plaça dans le char avec autant de sang-froid, dit le *New-York-American*, que peut en conserver un *Aldermann* écoutant une plainte pendant son diner. Le général, par un mouvement spontané, s'approcha de la nacelle, tendit la main à son jeune compatriote, et lui souhaita un heureux retour. Le ballon emporta aussitôt l'aéronaute, tenant dans ses mains et agitant deux étendards, l'un, celui des États-Unis avec le nom de Washington, l'autre, orné de rubans tricolores et qui portait le nom de La Fayette. Le vent poussa le ballon qui n'avait que très peu de force ascensionnelle contre le mât dont il a été parlé. Aucun accident ne résulta de ce choc, mais ce fut comme un avertissement qui lui faisait toucher, dès son début, l'écueil où il devait échouer plus tard d'une manière si périlleuse. Allégé de tout le lest et de quelques autres objets, l'aérostat s'éleva rapidement, et le voyageur aérien, d'une hauteur bien supérieure à celle du Parnasse, comme le remarquait ingénieusement un journal de New-York, répandit les vers qu'on vient de lire, en français et en anglais.

Ainsi, les trois couleurs, proscrites en France depuis quinze ans, charmaient, sur le sol étranger, les regards de La Fayette et se rattachaient encore à ce nom historique comme pour lui redemander leur éclat; et un français montait dans les nuages pour lui envoyer de là, comme un message céleste, ce vers prophétique :

Les trônes sont brisés ! le peuple enfin respire !

Cependant qui aurait osé dès lors lui montrer d'avance les arcs de triomphe de Grenoble et de Lyon, et lui prédire que ce même mois de juillet, témoin de la prise de la Bastille en 1789, de la fédération du Champ-de-Mars en 1794, et, long-temps auparavant, de la déclaration d'indépendance de sa chère Amérique en 1775, verrait de nouveau éclore la liberté en France sous ses auspices !

VIᵉ ET VIIᵉ ASCENSIONS.

NEW-YORK.

5 septembre 1825 et 20 septembre 1826.

> Nous vous voiturerons par l'air en Amérique.
> (La Fontaine.)
>
> *Stellifero aspicies involvi pulvere cœlum.*
> (Jés. Lebrun.)
> Vous verrez le ciel enveloppé d'une poussière d'étoiles.
>
> Too high for aught of mortal birth, too near to earth to be a thing of heaven.
> (Charles King.)
> Trop haut pour être quelque chose d'origine mortelle; trop près de la terre pour appartenir au ciel.

« Je regrette, disait un aéronaute, que Colomb ait trouvé l'Amérique, nous l'aurions découverte quelque jour avec les ballons. » L'aéronaute, bien entendu, ne tenait pas à quelques siècles de plus ou de moins.

Je ne pense pas, quant à moi, que le temps des paquebots aériens soit venu, ni qu'une entreprise de transports accélérés puisse de sitôt afficher le vers de La Fontaine au coin des rues de Paris ; le trajet paraît long. Je sais bien qu'on a mis sur le chantier le plan, mais le plan seulement, d'une *Minerve*, vrai vaisseau de haut bord, capable de transporter un régiment de ligne avec armes et bagages, et des provisions pour un voyage de six mois : l'immensité de l'océan n'est pas même un obstacle, puisqu'en cas de naufrage dans l'air on n'en serait pas plus mouillé pour cela, et l'on se trouverait sur ses pieds au dessus des flots ; la nacelle serait, en effet, un véritable navire ; mais ne semble-t-il pas prudent d'attendre que quelque nouvelle découverte vienne alléger le poids d'une si énorme machine, et qu'on puisse se confier avec assez de sécurité à la navigation aérienne pour ne pas être obligé de suspendre une frégate à un globe de baudruche, et de placer un brick parmi les petits meubles d'un usage accidentel pendant la route?

Pour la direction, autre condition indispensable aux conquêtes des aérostats, on ne saurait tarder beaucoup à la mettre en œuvre. Il paraît impossible que les progrès de la mécanique disposant, de la puissance de la vapeur et de la vigueur des oiseaux de la plus forte espèce, dont l'éducation formerait la docilité, ne parviennent point à permettre à l'homme de tracer dans les airs le chemin qu'il lui plaira de suivre. Cette idée des coursiers aériens n'est pas neuve : les anciens, d'ailleurs, en nous montrant des chars traînés par des dauphins et par des oiseaux, nous ont indiqué le parti qu'on pourrait tirer de chaque espèce dans son élément ; et en vérité, il ne semble pas bien difficile, du moins à la première vue, d'imaginer la disposition d'un attelage céleste qui soumettrait le vol de l'aigle, par exemple, aux lois d'une volonté humaine, et ménagerait, au sein même des nuages, des relais et des heures alternatives de repos et d'action aux coursiers du char aérostatique.

Quoi qu'il en soit, on peut juger par l'étonnement que la vue des vaisseaux et des cavaliers européens causa aux naturels de l'Amérique, de la stupéfaction où les aurait jetés l'apparition d'un aérostat, portant suspendu un être vivant, s'ils l'avaient vu surtout environné de ces jets de feu qui, dans notre récit, vont bientôt enflammer la nuit, se croiser en tous sens, inonder l'espace d'étincelles et s'éteindre dans les ténèbres.

Le spectacle d'une ascension n'était plus nouveau pour New-York, lorsque M. Robertson l'en rendit témoin; cependant on en jouissait plus rarement qu'en Europe, et il y eut comme l'on vient de le voir, beaucoup d'empressement à son début; le directeur de *Castle-Garden* qui lui donnait six mille francs pour une ascension, eut lui-même un gain considérable. Encouragé par ces premiers succès, M. Robertson essaya une seconde ascension le 5 septembre 1825; elle attira encore plus de monde, et fut plus brillante que la première. Une foule innombrable le contempla long-temps au dessus de l'*Hudson*, qui n'a pas moins, en cet endroit, d'un mille de largeur, et qu'il traversa pour aller descendre dans les bois de New-Jersey. Sa première descente s'était effectuée à *New-Town*, à dix ou onze milles de New-York, sur la ferme de M. Abraham Remsen. Ayant été obligé de jeter son ancre pour alléger le ballon, il fut forcé, dans ces deux occasions, de s'accrocher de son mieux aux branches des haies pour contenir la mobilité de l'aérostat, et attendre qu'on vint à son aide. Lors de la seconde descente, un colonel de la milice s'empressa de lui offrir avec infiniment de politesse une place dans sa voiture; arrivé dans la ville, M. Robertson se confondait en complimens, lorsque le colonel, avec encore infiniment de politesse, lui demanda le paiement de la place qu'il venait d'occuper; M. Robertson se hâta de payer, et la rougeur n'éclata que sur un seul front, ce fut sur le sien.

Que l'on se garde néanmoins de juger de plusieurs par un seul, celui-ci était l'exception, comme on va le voir. M. Robertson consentit à faire, le 10 août (1826) une ascension au profit d'un artiste; le bénéficiaire ayant désiré qu'elle eût lieu ce jour-là, malgré l'apparence du mauvais temps, l'aéronaute avait achevé tous les préparatifs à l'heure prescrite; le ballon entièrement gonflé n'attendait que la faculté de prendre un libre essor; mais la pluie tombait par torrent: le public qu'elle n'avait point fait fuir, voulut s'opposer au départ de M. Robertson; en vain il insistait, protestant que le ciel, dût-il se fondre en eau, son ballon verni avec soin n'en souffrirait aucun dommage. L'éclat de ses ascensions précédentes, et sa conduite depuis un an qu'il était arrivé à New-York, lui avaient concilié un estime générale ; le public ne céda point ; vingt fois il fut sur le point de monter dans la nacelle, vingt fois on s'élança de toutes parts, les uns le tirant par les bras, par les jambes, les autres par les basques de son habit ; c'était, n'en déplaise à la gravité de notre glorieuse histoire, Napoléon sur le pont de Lodi, seul au milieu de la mitraille, et que ses vieux grenadiers tiraient de la même manière, par tous les bouts, pour le contraindre à reculer ; c'était aussi une scène à peindre que les témoignages de reconnaissance et les explosions marquées de colère, auxquels l'intérêt public si vivement manifesté entraînait, dans le même instant, M. Robertson. Enfin, l'*Aldermann* s'approcha de lui, le pria de lui dire s'il n'y avait réellement aucun risque à s'élever, et s'il persistait dans ce dessein. Sur sa réponse doublement affirmative, les constables se mirent en devoir d'écarter la foule, et malgré la pluie et le vent le plus violent, l'ascension devint imminente. Au murmure de l'assemblée qui blâmait ce qu'on croyait être purement l'obstination du *jeune Français*, succéda un moment de silence et d'inquiétude. Tout à coup un riche habitant de New-York demanda à haute voix si l'on croyait qu'il y eût du danger à partir ; « oui, oui, cria-t-on de tous côtés, ne le laissez pas partir » ; aussitôt le flegmatique Américain, sans dire un seul mot, s'approche de l'appareil, et en un clin-d'œil a coupé avec un canif les cordes du filet. M. Robertson n'en a plus qu'une seule pour retenir son ballon, mais les violents efforts de l'aérostat, pour se dégager, la rompent bientôt, et il ne reste pas même au voyageur désappointé, le courage de lever la tête pour voir partir sa machine dont la perte l'afflige vivement. Ce fut pour lui, quelques instants après, une bien vive joie lorsqu'on vint lui annoncer que la force du tiraillement ayant déchiré la baudruche du haut en bas, le gaz s'était subitement confondu avec l'air atmosphérique, et que le ballon était retombé. M. Robertson s'était hâté d'annoncer au public que chacun pouvait réclamer son argent au bureau. Chose bien remarquable ! une seule personne se présenta. En vérité nous n'oserions pas assurer que le colonel ne se trouvât pas en ce moment à New-York.

M. Robertson résolut aussitôt de réparer cet échec, dont le mauvais temps et le public étaient seuls responsables, par une ascension nocturne avec feu d'artifice. Personne, depuis la catastrophe de madame Blanchard à Paris, n'avait osé renouveler ce brillant spectacle. Aussi à peine l'intention de l'exécuter fut-elle annoncée à New-York, que tous les journaux de cette ville déclarèrent que l'autorité ne devait pas le permettre et que l'Amérique n'était point un pays où l'on fît assez peu de cas de la vie des hommes pour les laisser librement s'exposer à un péril certain en faveur d'un vain amusement. Tel est le résultat ordinaire des faits qui produisent dans les esprits une profonde et douloureuse impression que l'on s'habitue à regarder l'exception comme la règle et que l'on ne cherche plus à constater la cause spéciale d'un cas isolé. Mais combien de gens n'ont-ils pas dit, en apprenant l'explosion de quelques chaudières à vapeur, qu'il fallait abandonner une puissance motrice si redoutable et que l'on ne parviendrait jamais à maîtriser ? Laissez pendre l'appareil de l'artifice à une distance raisonnable au-dessous de la nacelle et que l'aéronaute se serve du feu avec assez de précaution pour ne point présenter cet avide destructeur du gaz hydrogène au courant établi par l'appendice, et toute possibilité de danger disparaît. M. Robertson le fit comprendre aisément aux organes de la presse et les convertit à son opinion ; le résultat vint d'ailleurs à l'appui de ses assertions, car les jets enflammés lancés de son appareil à une bien plus grande hauteur qu'on ne le voit à Paris, n'endommagèrent nullement l'aérostat, et sa course s'accomplit avec succès. Voici comment les journaux américains rendirent compte de cette belle expérience :

« M. Robertson a fait hier sa grande ascension de nuit et
« il a fait une magnifique ascension. De bonne heure, une
« foule nombreuse de *ladys* et de *gentlemen* s'étaient ren-
« dus à Castle-Garden, où ils furent témoins du remplis-
« sage qui se faisait avec rapidité, car tout avait été dis-
« posé dès la veille avec le plus grand soin. On jouissait
« d'une soirée superbe et la moindre brise ne troublait
« point le repos de l'atmosphère. On lança d'abord un
« premier ballon de six pieds de diamètre, rempli de
« deux parties d'hydrogène et d'un tiers d'oxigène, suivi
« d'une longue mèche qui devait opérer son expolsion
« dans un temps donné ; elle eut lieu avec le bruit, l'éclat
« et la rapidité d'un météore. A huit heures s'éleva un
« autre ballon d'essai de huit pieds de diamètre, suppor-
« tant un parachute, d'un diamètre égal, garni d'artifice ;
« il monta vivement et les spectateurs venaient de le per-
« dre de vue, lorsque tout à coup le ciel resplendit un
« instant d'un éclat inaccoutumé, c'était celui d'une bril-
« lante *flamme rouge*. Alors le parachute, séparé du
« ballon, descendit en ouvrant ses plis et, sur un fond
« blanc, recevant la réflexion du foyer qui le colorait de
« rose, offrit un charmant spectacle ; les applaudisse-
« mens répétés témoignèrent la satisfaction générale. A
« neuf heures, le grand aérostat, la gondole avec l'aéro-
« naute et un appareil considérable d'artifice, disposé à
« cent vingt pieds au dessous de la nacelle, tout cet en-
« semble, à la voix de M. Robertson, fut lancé dans l'air
« et avec la vitesse d'un trait atteignit une grande hau-
« teur presque perpendiculaire. Des flammes colorées,

« placées hors des murs du château éclairaient l'atmo-
« sphère avec tant de vivacité que le ballon avait, au
« moment de l'ascension, l'apparence d'un corps lumi-
« neux; elles s'éteignirent et leur fumée s'étant dissipée,
« on put, à l'aide de la lune qui se levait et semblait di-
« riger à dessein vers le char un rayon d'argent, distin-
« guer l'aventureux navigateur tranquille et planant avec
« son frêle navire au dessus, pour ainsi dire, de son point
« de départ.

« En ce moment, la mèche atteignit le salpêtre et pro-
« duisit une scène d'anxiété non moins que d'intérêt pour
« les spectateurs. — Suspendu dans les hautes régions de
« l'air, se montrait un audacieux mortel semant le feu au
« dessous et autour de lui, lorsqu'une simple étincelle,
« communiquée au gaz qui l'a transporté si haut et l'y
« soutient, pourrait réduire en cendre son habitation, sé-
« jour des vertiges. A travers le feu des fusées et les
« tournoiemens enflammés, on voyait par intervalle le
« ballon sans mouvement en apparence, mais faisant con-
« naître sa force d'ascension par son amoindrissement.

« Au feu d'artifice succéda une vaste et brillante étoile
« lumineuse. — Bien certainement belle et heureuse idée !
« sa splendeur rendait tout noir autour d'elle et, comme
« un phénomène, elle se balançait d'elle-même au milieu
« des ombres. — *Trop haute pour être quelque chose d'ori-*
« *gine mortelle, trop près de terre pour appartenir au ciel.* Une
« fois cette étoile consumée, le voyageur aérien et son
« véhicule cessèrent d'être visibles, quoique des milliers
« de regards cherchassent ardemment à percer l'obscurité
« pour en retrouver la trace. »

Cependant M. Robertson s'enfonçait de plus en plus
loin de la terre, dans une profondeur sans lumière; seul
et sans horizon dans l'espace, il pouvait attrister son imagination par les sombres rêveries d'Young ou lui donner
la teinte brillante des tableaux gracieux de Parny; car,

par intervalle, la lune glissait sur les contours du globe son unique pilote et reposait sur sa nacelle une douce clarté.

Si l'aéronaute rêvait, comme nous le supposons, un petit accident le rappela bien vite au gouvernail. La corde qui portait la charpente de l'étoile se rompit, et cette étoile tomba dans la rivière; la force d'ascension qui, au moment du départ aurait emporté trois personnes, devint extrême, et en quelques secondes M. Robertson crut avoir atteint trois mille toises (*). L'aspect de la terre, seul indice de sa locomotion, lui présentait l'ensemble des nombreuses lumières de la ville comme un fond obscur criblé de points de feu. D'énormes fusées dont on ne connaît point de modèles en France, composées de vingt-quatre livres de poudre et lançant à six cents pieds dans l'air leurs agiles serpenteaux, lui paraissaient dans *Castle-Garden* quitter à peine le sol de quatre ou cinq pieds. A une si grande distance, tous les objets d'en bas se resserraient à ses yeux, au point qu'il se crut au dessus de la mer, accident qu'il avait toujours redouté. En présence du péril toute hésitation disparut; il prit le parti d'effectuer sans retard sa descente afin de tomber le moins possible loin des côtes, espérant bien que son ballon le soutiendrait assez long-temps à fleur d'eau pour attendre du secours. Dans cette vue il tira si rudement la soupape qu'elle tomba dans le ballon. Cette conjoncture lui donna lieu d'apprécier l'avantage de la place particulière qu'il assigne ordinairement à la soupape, vers l'équateur. Si l'ouverture s'était trouvée à peu de distance du

---

(*) Son élévation était déjà si grande auparavant que les passagers, à bord du *Steam-Boat*, le bateau à vapeur *l'Oliver Ellsworth*, encore éloignés de soixante-quinze milles (environ vingt-cinq lieues) de New-York, virent distinctement le feu d'artifice suspendu sous le ballon.

zénith, comme on la pratique pour la plupart des aérostats, il aurait couru risque de voir se vider presque entièrement son ballon, tandis que sa méthode retenait toujours le gaz captif dans l'hémisphère supérieur, et ne laissait se désemplir que l'autre moitié. Sa crainte des flots provenait heureusement d'une erreur d'optique, il tomba, sans éprouver de chute violente à *Flatbush*, dans *Long-Island* (la longue île), à cent pas environ de quelques maisons habitées. Ses cris, pour demander du secours, réveillèrent les bons villageois qui se mirent aussitôt à crier au feu; ils ne tardèrent pas néanmoins à comprendre la nature de la visite nocturne qu'on venait leur rendre, et par leurs efforts M. Robertson se vit, après un peu de temps, en état de retourner à la ville.

Cette excursion est, suivant lui, une des plus agréables qu'il ait jamais faites. Il eut froid, dit un journal de New-York, mais il ne resta pas assez long-temps parmi les étoiles pour y être gelé.

VIII.ᵉ ASCENSION.

NEW-YORK,

10 octobre 1826.

> Amants, heureux amants, voulez-vous voyager !...
> (LA FONTAINE.)
>
> *Ibant obscuri soli sub nocte per umbram.*
> (VIRGILE.)
>
> Ils allaient couverts d'ombre à travers
> l'obscurité de la nuit solitaire.
>
> . . . ἐπὶ δὲ νεφέλην ἕσσαντο
> καλὴν, χρυσείην·
> (*Iliad.*, liv. xv.)
>
> Et ils s'enveloppèrent d'un beau nuage d'or.

Il est peu d'endroits *sur la terre et sur l'onde* qui n'aient fourni la scène de quelque roman : comment se fait-il qu'aucun écrivain ne se soit emparé des régions aériennes, et n'ait donné l'essor à un précieux ballon chargé des destins de deux amans? Tantôt il aurait poursuivi mystérieusement et avec délices ce couple fortuné dans la vaste plaine d'azur, ou au milieu de ces nuages d'or, dont un dieu emprunta le voile sur la cime du Gargare, ou à travers les limpides reflets de la lune; tantôt il l'aurait rencontré au premier éveil de l'aurore, à la fuite du jour ou dans le sein des profondes ténèbres. Aujourd'hui le ciel est pour eux un lac transparent où nage leur esquif sans tracer de sillon; demain il sera le séjour des tempêtes, des vagues furieuses et le domaine de l'ouragan: ici, sous leurs yeux, les vapeurs se condensent en épais flocons de neige, et là, au dessus des atteintes de la foudre, ils admirent comment elle se forme à leurs pieds et quelle lutte, quels coups terribles de deux nuages ennemis, vont précipiter sa chute, suite d'un long fracas et d'affreux déchiremens. Habitans d'une planète obscure et inconnue aux astres, quelquefois on va les croire perdus parmi les étoiles, et tout à coup, phénomène désiré, on les voit se balancer mollement au bord de notre horizon. Dans ce trajet répété en tous sens, ils surprennent le secret de tous les météores; tour à tour témoins de l'immensité et spectateurs de ce que nous appelons l'immense océan, ils admirent l'harmonieux enchaînement des proportions de la nature, et comprennent la petitesse, dans l'espace, de ces globules de feux, mondes pesans et des milliers de fois énormes en comparaison de notre globe chétif, et bien souvent ils se disent : C'est une main puissante, c'est une intelligence sans limites qui a construit l'univers !

Ah! sans doute, souvent aussi, au milieu de ce silence absolu, premier étonnement de l'homme qui fuit dans l'air, de cet isolement si complet, dont la solitude des mines les plus souterraines ne sauraient offrir l'image, vivant d'eux seuls et pour eux seuls, absorbés dans leur enivrement, dans leur mutuelle contemplation, ils ne connaissent plus que deux êtres animés dans la nature; le sourire du bonheur sur le front, sur les lèvres et dans tous les traits, leurs regards ne quittent point la ligne qui unit les yeux l'un de l'autre; ils passent des jours entiers sans les abaisser vers la terre qu'ils ont oubliée, et dont ils ne semblent plus devoir se souvenir. Qu'un oiseau, égaré dans une région trop élevée, vienne inopinément chercher un support à leur côté, ils sont saisis d'étonnement presque de fayeur, comme si la création et la vie ne faisaient que d'éclore autour d'eux; ils renaissent lentement aux idées des choses réelles, et, de bien loin, se rappellent enfin l'existence d'un monde d'êtres vivans qu'ils ont abandonné. Le plaisir des contrastes les en rapproche, et bientôt la pitié pour de si petites passions, animées par de si grands efforts et pour des intérêts si méprisables, satisfaits par de si pénibles convulsions, les en éloigne de nouveau... Quelle plume de cygne de Genève saura colorer ces esquisses et en créer des tableaux? Certes, l'histoire de nos amans ne remplirait qu'un très petit volume; ne sait-on pas que le bonheur le plus vrai et le plus durable est ordinairement le plus court à décrire....

Le lecteur trouvera peut-être que c'est trop long-temps s'égarer sur les traces d'un couple imaginaire, lorsqu'un couple réel réclame son attention. Après le magnifique spectacle d'un feu d'artifice aérien que des matelots avaient aperçu en mer à une distance de soixante-quinze milles, M. Robertson résolut de répéter à New-York une expérience dont Blanchard avait eu l'idée, ce fut de s'élever avec un aérostat accompagné de quatre ballons plus petits, présentant l'aspect des satellites de Jupiter. Outre la beauté de ce spectacle, une circonstance accessoire devait piquer la curiosité des deux sexes; une jeune dame consentait à accompagner l'aéronaute et à s'aventurer dans ce périlleux voyage; on avait vu à New-York peu d'exemples de ce courage féminin. Le jour fixé fut le 10 octobre.

«Ce jour-là, dès quatre heures, dit le *New-York Mirror*, «il était curieux d'observer la ligne non interrompue, «formée de femmes exclusivement, d'une extrémité de la «batterie à l'autre, suivant le privilége que leur accorde «la politesse, d'occuper seules la rangée de siéges que «l'on a récemment établis avec tant de raison pour la «commodité du public. Ce riant aspect ne pouvait pas «néanmoins détourner notre attention de notre baie ma-«gnifique, environnée de ses nombreuses collines, égayant

«par la variété de leur feuillage les scènes inférieures.
«La nature n'a rien achevé de plus sublime que cette
«étendue d'eau égale et paisible, réfléchissant les teintes
«du soleil couchant, embelli par un amphithéâtre de fo-
«rêts, et diversifié par les figures de formes différentes
«des objets animés et inanimés.»

L'aspect de la *flottille aérostatique*, ornée de festons de soie bleue et de couronnes de fleurs, causa une impression agréable. L'heure approchait, et déjà l'on désespérait de voir arriver la jeune *miss* que personne n'avait encore aperçue; en remarquant un amour en carton sous la nacelle, on commençait même à soupçonner quelque mystification, lorsque M. Robertson parut, conduisant par la main une jeune personne à qui l'on trouva une taille élégante et une très jolie figure, avantages qu'elle réunissait, en effet; sa mise parut également pleine de goût, et l'on admira son calme et son intrépidité. Aussi sa présence, son embarcation et son départ, furent-ils salués d'applaudissemens à tout rompre. L'on ne peut imaginer, à moins de l'avoir vue, la majesté d'une telle ascension; le vent, très violent toute la soirée, était tombé au coucher du soleil, et la flottille, suivant une ligne presque verticale, resta en vue pendant près d'une heure et demie, ce groupe de cinq aérostats pouvant moins se dérober dans le lointain, de même qu'une constellation, se reconnaît mieux qu'une simple étoile; lorsqu'on le perdit des yeux, on ne sut si c'était par l'effet de la distance ou du crépuscule. M. Eugène Robertson a publié à New-York une relation de ce voyage, accueillie avec empressement; la fin de notre récit ne doit plus être qu'un extrait de sa narration:

« ..... Je n'avois pas encore adressé la parole à mon aimable compagne; je jugeai l'instant favorable et je reconnus, à ses réponses, qu'elle n'éprouvait aucun sentiment de crainte; ses regards et son air me le confirmèrent : Le visage est toujours serein quand l'ame est en paix, a dit Caraccioli.

« Environ dix minutes après notre départ, nous éprouvâmes dans les oreilles le bourdonnement ordinaire ; je lui en expliquai la cause dans l'équilibre qui cherchait à se rétablir entre l'air contenu dans la cavité de l'oreille et l'air extérieur plus raréfié. — Tant mieux, me dit-elle, si cela n'est point dangereux en montant, nous irons plus haut. Je l'invitai alors à jeter les yeux sur la terre ; elle craignait d'abord que la tête ne lui tournât ; dès qu'elle eut regardé, je lus sur sa physionomie l'expression de la surprise et de l'admiration. En effet, rien ne pourrait peindre un spectacle aussi magnifique ; le soleil se couchait, ses rayons obliques éclairaient encore la baie de New-York, tandis que l'horizon offrait au loin les vives couleurs de l'arc-en-ciel, produites par la décomposition des rayons de cet astre à travers les couches humides de l'atmosphère terrestre. En ce moment New-York, entouré d'eau, se présentait à nous sous un cadre beaucoup plus petit ; nous ne distinguions le Castle-Garden et la Batterie, remplis d'une foule considérable, que comme une masse d'un noir grisâtre ; nous nous trouvions alors presque perpendiculairement au dessus d'*Ellis Island* (île d'Ellis) située presque à moitié chemin de la côte de New-Jersey à celle de New-York, et cette île ne nous paraissait avoir que quatre pieds de diamètre. Plus nous nous élevions, plus les objets diminuaient à nos yeux, et nous prenions un singulier plaisir à trouver petit ce que nous avions vu si grand, et par opposition à trouver si grand ce que l'on avait cru si petit. La ville, la campagne, la rade et la mer, formaient quatre tableaux différens qu'un seul coup d'œil embrassait à la fois.

« Comme nous nous élevions de plus en plus, les quatre petits ballons qui composaient notre flottille furent fortement agités, parce que leur force d'ascension n'était pas égale à celle du grand aérostat, ce qui les faisait rester un peu en arrière et les rendait ainsi le jouet du vent. La dilatation du gaz était si grande à l'élévation où nous nous trouvions, qu'un de ces mêmes ballons creva, non sans quelque bruit et sans occasioner une forte commotion ; il est probable qu'il avoit été plus rempli que les trois autres qui nous restèrent fidèles pendant tout le voyage.

— « Ne remarquez-vous pas des étincelles du côté de New-York, me dit mon aimable passagère. » — « Ce que vous voyez, répondis-je, n'est autre chose que le feu du canon qu'on tire en ce moment. » Elle fut d'autant plus surprise qu'elle n'avoit entendu aucune détonation, mais quand je lui expliquai les règles de la transmission des sons dans un milieu élastique, elle comprit comment il se faisait qu'à la distance où nous étions, le bruit ne nous parvenait que six ou sept secondes après que nous en avions vu la lumière.

Nous trouvant alors au dessus de l'eau, et le bruit du canon ayant entièrement cessé, je me mis en devoir de répéter une expérience que depuis long-temps je m'étais proposé de faire : c'est l'une de celles décrites par le docteur Jeffries, dans l'ascension qu'il fit avec M. Blanchard, lorsqu'ils traversèrent la Manche. Une grande perte de gaz faisait descendre le ballon au dessus de la mer et les aéronautes étaient très incertains de jamais toucher cette terre si désirée ; ils jetèrent successivement à la mer leurs provisions de bouche, les ailes du bateau et plusieurs autres objets. « Nous jetâmes, dit le docteur « Jeffries, la seule bouteille que nous avions, qui, en « descendant, fit paraître, avec un bruit éclatant, une « vapeur blanchâtre, et quand elle atteignit l'eau nous « entendîmes et éprouvâmes un choc qui fut très sensible « sur notre char et notre ballon. » Cette expérience ne me réussit pas ; peut-être les conditions atmosphériques n'étaient-elles pas les mêmes ; je la répéterai à la première occasion favorable.

« La fatigue et l'inquiétude des derniers jours m'avaient ôté l'appétit, il me revint dans les airs ; je sortis quelques provisions que j'eus bientôt fait disparaître ; ma compagne ne m'imita qu'avec réserve ; je débouchai une bouteille de vin de Champagne, qui faillit s'en aller tout en mousse ; le reste avait un pétillant qu'on lui trouve rarement à terre. Cet effet doit être attribué au gaz acide carbonique que contient cette liqueur, et qui se dégage avec beaucoup plus de liberté et d'énergie à une grande élévation.

« Tout semblait alors doubler mon existence : le soleil venait de se coucher, la nature étoit en repos, notre esprit éprouvait un calme inconnu en bas ; la grande ville de New-York, qui peu de minutes auparavant, réfléchissait encore les derniers rayons de la lumière, semblait s'être enfoncée dans la terre, on ne pouvait plus la voir. Nous montions continuellement : la terre, le ciel et la mer, un horizon vague, un vide profond, le silence et l'immensité, un air régénérateur, tout concourt, dans les régions supérieures, à faire naître dans l'ame les plus profondes méditations. « C'est, comme le dit Chateau-
« briand, en parlant de la nature, ce qu'on ne saurait
« peindre et ce que tout le cœur de l'homme suffit à
« peine pour sentir. »

« Le lever de la lune vint dissiper quelques nuages qui semblaient guider notre course incertaine ; la faible clarté que cet astre répandait sur les objets environnans fit naître en nous de nouvelles et douces sensations. Portés au dessus de la baie de New-York, nous découvrîmes les rivières de Hackensack et de Passaïc ; la première, plus tortueuse, semble arrêter ses eaux et ne se jeter qu'à regret dans la baie de Newark ; l'autre forme des sinuosités plus allongées, son cours est plus majestueux. Nous pouvions également apercevoir de petits ruisseaux tributaires se rendant, de distance en distance, dans ces deux fleuves. Je revis avec plaisir un phénomène que j'avais remarqué dans ma précédente ascension : je veux parler d'une lueur blanchâtre qui brillait dans différentes directions ; je m'assurai alors que cet effet devait être attribué seulement à la réfraction des rayons de la lune sur les brouillards des marais.

«Après avoir traversé, en peu de minutes, la baie de Newark dans une largeur de mille sept cent dix toises et laissé derrière nous des marais très étendus, je découvris à l'aide de ma longue vue une belle plaine ainsi qu'une maison située sur la lisière d'un bois, lieu convenable à notre descente; elle s'effectua rapidement. Je me servis de mon porte-voix pour appeler à notre secours, et l'écho m'annonça le terme de notre voyage; mais le son trompa ma jeune compagne au point qu'elle crut que plusieurs personnes répondaient en même temps. Mon ancre accrochée dans un buisson, arrêta aussitôt le cours de notre marche.

«Un groupe de femmes élégantes venait, en ce moment même, à notre rencontre ; mais supposant que notre aimable voyageuse verrait avec plaisir de quelle manière je pourrais continuer mon voyage sans addition de gaz, je me plaçai debout dans ma nacelle, et passant une jambe en dehors, après avoir dégagé mon ancre, je frappai la terre du pied, ce qui nous lança tout de suite à une hauteur de vingt-cinq à trente toises. Le vent prenant alors dans notre ballon, nous porta à deux ou trois cents pieds plus loin. Je répétai cette manœuvre plusieurs fois, et tout le temps que nous nous trouvâmes en rase campagne, mais craignant de voir endommager mon ballon par le bois dont nous étions fort voisins, je franchis la forêt en jetant du lest : nous n'effleurâmes que légèrement le haut d'un arbre et nous touchâmes terre, sans éprouver la moindre secousse, près du village Union à une demi-lieue d'Élisabeth-Town. »

Là s'offre le sujet d'un tableau grotesque et naïf : à la place occupée par l'élégant voyageur et sa compagne svelte, deux jeunes paysans bien dégourdis se mirent dans la nacelle tandis que plusieurs autres employaient toute leur force à retenir le ballon. M. Eugène Robertson confia la dame qu'il avait amenée par une route si peu pratiquée, aux soins hospitaliers d'une famille respectable, de monsieur et de madame Brown, propriétaires de la terre où il était descendu, et repartit, comme font ordinairement les fées, dans la même voiture dont il s'était servi pour venir. Pendant ce second voyage nocturne, dont on peut lire les détails dans la publication séparée qui en a été faite, M. Robertson se vit obligé de sévir contre les petits ballons qui, fortement agités, venaient frapper violemment tantôt contre l'aérostat, tantôt contre la gondole. Il prit le parti de les guetter, en arrêta deux et leur fit une scissure; il ne put crever ainsi le troisième qui ne s'approcha jamais assez et dont il se résigna enfin à subir les oscillations.

La rapidité de son ascension croissait de plus en plus, et quoique sa marche horizontale ne lui parût pas très rapide, il parcourait un mille en sept minutes et demie. Le ciel était clair et serein, la température froide et l'horizon sans un seul nuage. A une hauteur de quatre mille pieds anglais, et par conséquent à deux cent quatre-vingt-seize pieds plus élevé que le *round top* des montagnes du Catskill, un bien-être général se répandit dans tous ses membres. « L'air que je respirais, dit-il, était plus pur et dégagé de toutes les parties délétères dont il est imprégné plus ou moins à la surface de notre globe. J'en conclus que l'hygiène tirera du perfectionnement de l'aérostation des moyens de guérir nombre d'infirmités par le seul changement d'air ; on sait que le célèbre Franklin recommandait les *bains d'air.* »

La masse de ce fluide qui marchait avec l'aéronaute était d'un calme parfait et uniforme ; il n'y avait ni courans opposés, ni tourbillons montant ou descendant. Il lui fut facile de s'en assurer au moyen d'une longue banderole, attachée à sa nacelle par un fil de soie de six pieds, et qui lui servait de *lock* ou flotteur. Son père, le professeur Robertson, avait fait usage du même procédé dans son ascension de Saint-Pétersbourg, en 1803. Ce calme s'observe rarement pendant le jour. Il paraît dépendre en grande partie, suivant M. Eugène Robertson, de l'action que les rayons du soleil ou son calorique impriment à l'air, et qui donne lieu à une espèce de réfraction. M. de Humboldt a observé les mêmes effets et en donne cette explication : que pendant le jour les couches d'air contractent une position inclinée, tandis que, de nuit, elles ont presque toujours une position horizontale et sont parallèles les unes aux autres.

M. Eugène Robertson attribue à la même cause la profondeur du silence de la nuit comparé à celui du jour, quel que soit l'isolement dont on puisse s'entourer. Il a entendu, la nuit, le son d'un violon en plein air, à une distance de plus de quatre ou cinq cents toises. Un de ses amis, médecin à New-York, lui a assuré que se trouvant en Suisse, il avait fait les mêmes observations sur le bruit d'une chute d'eau qui, pendant la nuit, s'entendait distinctement et était insensible pendant le jour ; si cependant quelque nuage interceptait les rayons du soleil, il entendait aussi distinctement que la nuit le bruit de la chute ; mais aussitôt que le soleil venait à reparaître, le son diminuait.

Cependant l'aérostat qui portait M. Robertson montait de plus en plus, il parvint à trois mille cinq cent trente toises d'élévation ; cette ascension, celle de M. Robertson le père, à Hambourg, en 1803, où il atteignit à une hauteur de trois mille six cents toises et celle de M. Gay-Lussac à Paris, en 1804, offrent les trois excursions aériennes dans lesquelles l'homme osa toucher des points atmosphériques, à une plus grande distance de la terre.

Voici le résultat de quelques expériences aérographiques que fit alors M. Eugène Robertson et qu'on peut lire plus au long et avec des observations, dans la brochure dont j'ai parlé.

1° L'acide muriatique bien concentré, soumis au contact de l'air, n'exhalait qu'une vapeur insensible.

2° A une élévation de 3530 toises et par 4 degrés sous glace du thermomètre de Réaumur, de la potasse calcinée, tirée d'un flacon parfaitement bouché et exposée à l'air libre, ne sembla subir aucune altération apparente ; elle était pulvérulente et sèche, tandis que sur la terre elle devenait déliquescente.

3° Tous ses efforts ne parvinrent pas à séparer les hémisphères de Magdebourg dans lesquels on avait fait le vide avec autant de perfection que le permettent nos machines pneumatiques ; mais s'il fallait cinq secondes sur terre pour que l'air pût y rentrer, il n'en fallait qu'une seule à l'élévation où il se trouvait. L'homme, à une telle élévation est comme le poisson hors de l'eau, c'est-à-dire hors de son élément, et périrait s'il ne se hâtait de retourner dans un milieu plus dense.

4° Quelques substances exactement pesées sur terre avaient perdu la moitié de leur poids, surtout les corps spongieux ; ceux dont les molécules sont plus adhérentes, différaient aussi, mais beaucoup moins de leur pesanteur primitive.

5° Une goutte d'éther sulfurique, versée sur le verre objectif de sa longue vue, s'évapora en quatre secondes et demie.

Enfin il lui fut impossible d'obtenir aucun signe d'électricité, bien qu'il pense comme tous les physiciens que le fluide électrique doit se trouver en grande quantité dans les couches supérieures de l'air.

Le froid, qui l'obligea seul d'abréger son voyage, se faisait sentir si vivement, malgré toutes ses précautions pour s'en garantir, qu'il ne pouvait tenir long-temps la même main sur les perches qui traversaient le cerceau, et que ces morceaux de bois auraient pu être pris, au contact, pour des barres de fer, tant ils s'étaient refroidis.

Il opéra sa seconde descente à un endroit nommé Westfield, à huit milles d'Élisabeth-Town, et à vingt-sept de New-York. Il passa la nuit chez un M. Crane, et le lendemain alla rejoindre Mlle M'C***** avec laquelle il revint à New-York où l'on commençait à éprouver de l'inquiétude de leur retard. Un journal employa même la formule solennelle dont on se sert pour les rois agonisans : «*Minuit, point de nouvelles... Deux heures du matin, rien de rassurant...*» Un cavalier, qu'ils rencontrèrent sur la route, s'approcha d'eux pour leur demander s'ils avaient quelques nouvelles des aéronautes dont l'absence donnait lieu aux plus fâcheuses conjectures.

Il eût été difficile à M. Robertson de s'éloigner de New-York dans un moment où l'on dût plus vivement désirer son retour, qu'après ses deux belles ascensions nocturnes ; il se mit donc en devoir de réaliser son projet de voyage à la Nouvelle-Orléans et à Mexico, et vers la fin de 1826, il quitta cette ville dont un journal, en rendant compte de cette dernière expérience, disait : «Si New-York est le Londres de l'Amérique pour le commerce, il en est le Paris pour la pompe des spectacles et tous les autres genres de plaisir.»

IXe ET Xe ASCENSIONS.

NOUVELLE-ORLÉANS.

25 février et 29 avril 1827.

> Je montrai le premier aux peuples du Mexique
> L'appareil inouï, pour ces mortels nouveaux,
> De nos châteaux ailés qui volaient sur les eaux.
> (VOLTAIRE, *Alzire*.)

Lorsque M. Eugène Robertson partit de New-York on annonça son projet de visiter la Louisiane et Mexico, en lui appliquant avec quelques changemens les vers que prononce Moutèze dans *Alzire* :

> Je montrai le premier aux peuples du Mexique
> L'appareil inouï, pour ces mortels divers,
> De nos globes ailés qui volaient dans les airs.

Il y a en effet plus d'un rapprochement à établir entre la navigation aérienne et la navigation maritime; entre les merveilles de l'art et de l'industrie humaine, qui ont élevé la structure hardie et solide d'un grand vaisseau et celles qui sont parvenues à renfermer, dans les parois minces et fragiles d'un aérostat, un souffle si impatient d'échapper à sa prison, qu'il l'entraîne et l'emporte avec un poids énorme, précisément parce qu'il est lui-même sans pesanteur. « Si un vaisseau, dit le *New-York Mirror* dans le récit de l'ascension de *la flottille*, si un vaisseau sillonnant sa route à travers l'Océan, avec toutes ses voiles déployées, sous l'influence d'une brise favorable, offre un grand et beau spectacle, quel effet bien plus puissant et bien plus sublime doit produire un objet encore plus magnifique, d'une plus grande nouveauté, attirant l'intérêt à un plus haut degré, parce qu'il expose à un danger plus imminent et qu'il traverse un élément avec lequel l'esprit entreprenant de l'homme ne s'est pas encore familiarisé! Dans un vaisseau une planche vous sépare de l'éternité; dans le char d'un ballon une corde, un fil préservent seuls ceux qui l'occupent de l'éblouissement et de l'immense précipice au dessus duquel ils sont suspendus. »

Sans doute l'audace et le *triple airain* ont dû être le partage des premiers navigateurs sur les deux élémens qui pressent la terre; mais il semble qu'un plus grand courage, une plus grande force d'ame soient nécessaires à l'aéronaute. Le marin est habitué à jouer avec l'onde qui le porte; que la tempête fracasse son habitation de bois, un débris peut suffire à lui conserver l'existence, une vague ou un coup de vent le pousser sur la rive, ses propres forces peuvent le soutenir au dessus de l'abîme, et si le hasard lui adresse un de ces bâtimens qui sillonnent les mers en tous sens, il est sauvé. Au contraire, dans les parages aériens, tout finit avec le naufrage, point de planche de salut, point de natation, point de nacelle protectrice et même point de rivage que celui où l'on périt en arrivant.

L'habitude et le raisonnement émoussent les sensations que devrait faire éprouver le spectacle du départ d'un édifice habité, flottant au dessus d'une si haute profondeur que celle de la mer et osant se lancer sur une si vaste étendue; les mêmes causes ont anéanti l'enthousiasme que l'enlèvement des premiers aérostats avait excité chez les peuples civilisés; mais, présentés pour la première fois à des peuples sauvages, ces deux moyens de s'éloigner du sol leur causeraient, certes, un étonnement inexprimable; la découverte de l'Amérique a donné lieu d'en juger pour les vaisseaux; l'impression produite par la vue soudaine d'un aérostat serait encore plus profonde. L'habitant des bords de la mer, quel qu'il soit, en connaît la puissance ; des plantes, des troncs d'arbres, et bientôt des pirogues lui ont montré qu'elle pouvait lui servir de sol, mais rien n'a pu lui fournir la plus simple image d'une excursion aérienne. Aussi la navigation remonte-t-elle à la plus haute antiquité, tandis que la découverte de Montgolfier est venue après une longue accumulation de siècles, et il a fallu toutes les ressources de la civilisation, parvenue à son plus haut degré, pour apprendre à l'homme que le domaine des airs ne lui était point interdit.

M. Eugène Robertson ne se flattait certainement pas de produire un étonnement de cette nature chez des peuples à qui la théorie des ascensions aérostatiques était connue ; mais il espérait avec raison qu'un si noble spectacle dont ils avaient entendu parler, sans en avoir été jamais témoins, exciterait leur intérêt. Il s'embarqua donc, comme nous l'avons dit, pour la Nouvelle-Orléans, et en neuf ou dix jours il navigua sur les eaux majestueuses du Mississipi. On remonte ce fleuve quelque temps, puis à trois lieues environ de la Nouvelle-Orléans on est souvent obligé, pour tourner un grand coude qu'il forme en cet endroit, d'attendre un vent favorable. Impatient d'un retard qui pouvait se prolonger, M. Robertson descendit à terre et se mit à marcher, suivant les directions qu'on lui avait données, espérant trouver d'autres indications dans la campagne. Il regardait en vain de tous côtés, mais personne ne se rencontra sur sa route. Il cheminait depuis quelques heures, lorsqu'il aperçut enfin une file de maisons assez prolongée : des espèces de petites cases sans architecture et sans élévation, et au milieu un chemin en assez mauvais état, et sans pavés. Il fit ainsi environ une demi-lieue, se croyant dans le voisinage de la Nouvelle-Orléans ; cependant, comme les habitations allaient disparaître derrière lui, il s'avisa de demander s'il arriverait bientôt à cette ville, et fut singulièrement surpris d'apprendre qu'il venait de la traverser.

Cette première impression fut assez peu agréable à un artiste qui avait entrepris un voyage dispendieux pour exécuter une expérience coûteuse dans une ville qu'on lui avait dit très commerçante et très peuplée, surtout pendant l'hiver. En effet, il n'y a guère de vie et de mouvement dans la capitale de la Louisiane que pendant cette saison ; dès les premiers mois du printemps, la moitié de la population disparaît, dispersée dans les campagnes, et s'éloigne d'un des foyers les plus habituels de la fièvre jaune. Les étrangers ne sont pas, on le pense bien, les moins empressés à fuir, de sorte qu'on est rarement certain d'y retrouver deux années de suite les mêmes figures. M. Robertson arrivait au mois de décembre, et sa confiance fut bientôt ranimée ; il remarqua dans d'autres quartiers que celui par lequel il était entré, un grand nombre de maisons fort bien bâties et de jolis édifices. Ses lettres de recommandations lui procurèrent un accueil très agréable ; le général La Fayette lui en avoit donné une fort obligeante pour M. Roffignac, alors maire de la ville : on peut juger s'il eut à se féliciter de la réception qui lui fut faite. Dix-huit mois s'étaient déjà écoulés depuis que le général, appelé par l'enthousiasme des Louisianais, était venu de la Mobile à la Nouvelle-Orléans ; on eût dit qu'il y était encore, tant son nom venait se mêler à tous les entretiens, tant chacun mettait de prix à l'avoir vu et à lui avoir parlé.

Quelques personnes conservaient aussi à la Nouvelle-Orléans le souvenir d'un Prince français qu'on y avait vu à une époque éloignée, et que le nom de La Fayette rappelle naturellement ici... car les grands évènemens de la partie la plus récente de notre histoire vivifient singulièrement le passé. On racontait donc, et on devra le redire sans doute avec plus d'empressement désormais, que le duc de Chartres, aujourd'hui le Roi des Français, y avait donné des leçons de mathématiques, exemple d'une noble résignation et d'un bel orgueil sur une terre où La Fayette était venu dévouer à la liberté les prémices de son courage et les ressources de sa fortune. Dans quelle nuit et dans quel lointain étaient alors les journées de l'Hôtel-de-Ville !

Ce qui charma surtout M. Robertson à la Nouvelle-Orléans, ce fut de se retrouver au milieu des mœurs françaises, d'y reconnaître le langage, l'humeur gaie et la sociabilité de ses compatriotes. En peu de temps, une foule de maisons particulières lui furent ouvertes ; et il fut admis à toutes les tables, plaisir d'intimité, de famille, pour ainsi dire, dont il avait vivement senti la privation à New-York, où, malgré toutes sortes d'encouragement, une seule invitation de ce genre ne lui avait pas été adressée. Il n'y a pourtant que la douceur de ces relations domestiques qui puisse consoler de l'éloignement de la patrie.

L'annonce des préparatifs d'une ascension prochaine excita, comme il l'avait pensé, un intérêt et une curiosité générale, et les riches habitans se firent inscrire en grand nombre sur la liste de souscription. Cependant il y avait plus de péril à tenter cette expérience ici que partout ailleurs : au dessus et au dessous de la ville l'immense longueur du Mississipi, tout autour une ceinture d'eau formée par les quatre lacs *Borgne*, *Barataria*, *Pontchartrain* et *Maurepas*, plus loin les cyprières, les marais et les prairies tremblantes ; c'est là qu'en marchant sur un gazon solide en apparence, on enfonce tout à coup, plus qu'à hauteur d'homme, dans des trous ouverts à chaque pas, tellement que les chasseurs qui osent s'y aventurer ont soin de porter leur fusil horizontalement et en travers de leur corps, afin que les deux extrémités, au moment où le terrain vient à céder, posant sur un sol plus ferme, leur servent de support. Ces différentes perspectives, peu rassurantes, firent croire que l'aéronaute renoncerait à un voyage si difficultueux. M. Robertson s'empressa de démentir le bruit qui s'en était répandu, déclarant qu'un examen réfléchi le décidait à braver les difficultés de l'entreprise, et que, quel que fût le vent, il s'élèverait en ballon le dimanche 25 février 1827, jour anniversaire de la naissance de WASHINGTON. Joignant la prudence au courage, il eut soin de promettre une récompense à qui viendrait le premier à son secours.

Tant de circonstances diverses excitèrent au plus haut degré l'intérêt, lorsque l'intrépide voyageur, connaissant les périls qu'il allait braver, partit dans son aérostat, de la grande cour de l'ancien couvent des Ursulines, avec tout son calme, tout son sang-froid accoutumés. « Ja- « mais vœux ne furent plus vrais, plus unanimes, dit le « *Propagateur louisianais*; de tous les points de l'enceinte, « les yeux se dirigeaient sur un seul point; chacun vou- « lait voir M. Robertson, le suivre dans ses plus petits « mouvemens, l'encourager par l'expression du visage ; « tous les cœurs se préparaient à l'accompagner dans sa « course aérienne, et pourtant, par une contradiction que « le sentiment seul peut expliquer, on eût voulu le retenir « à terre. Un grand nombre de jolies femmes, élégam- « ment parées, faisaient l'ornement de la fête, leurs yeux « expressifs indiquaient une tendre incertitude ; elles « s'étaient portées sur le lieu de l'expérience pour jouir « d'un spectacle inconnu, mais elles frémissaient à l'idée « du danger qu'allait courir un jeune Français, dont les « adieux solennels avaient quelque chose de doux et de « déchirant. Nous ne craignons pas de le dire, l'émotion « des spectateurs était à son comble. » — *L'Argus* donnait à peu près les mêmes détails : « Quoique l'enthousiasme, « dit-il, exaltât tous les esprits, tous les cœurs étaient « émus, et des larmes coulaient des yeux de plusieurs

« personnes. » Ajoutons, puisque le fait est vrai, que quelques femmes se trouvèrent tout-à-fait mal.

Les applaudissemens continuaient encore, que déja celui qui en était l'objet ne pouvait plus les entendre. Parvenu à mille toises de hauteur, il se trouvait porté vers le bas du fleuve sur la rive gauche; aussitôt, les avenues qui conduisent de ce côté sont couvertes de voitures, des citoyens de tout rang volent à sa rencontre, c'est à qui lui portera les premiers secours. Ses amis avaient, en outre, envoyé des messagers sur plusieurs points où ils pensaient que pourrait s'effectuer sa descente. M. Robertson se voyait dans la direction de la mer, il crut prudent de descendre, après quinze minutes de traversée qui lui avaient fait parcourir plus de sept milles, sur le bord d'une cyprière; mais le vent trompa son calcul, il tomba au milieu de la forêt, et celui qui, en vue de tant de monde, planait sur le globe, se trouva subitement dérobé à tous les regards, et perdu parmi les arbres, dans un réduit sauvage où il aurait pu mourir ignoré.

On ne saurait imaginer, sans l'avoir vu, la tristesse et l'aspect lugubre d'une forêt de cyprès en Amérique. Outre les plantes grimpantes et flexibles qui jettent leurs vrilles et leurs suçoirs, sortes de harpons, d'un arbre à l'autre, s'entrelacent en faisceaux, et forment de tous côtés une épaisse fourrure, tous les arbres sont couverts, et comme drapés par la végétation parasite de la *Tillandsia*, appelée *Barbe-Espagnole* dans le pays, et dont on se sert pour remplir les matelas: habitante, dit-on, des seuls climats où règne la fièvre jaune, ce souvenir ajoute encore aux idées de deuil que sa vue inspire; pour le sol, ce n'est qu'un vaste marécage, d'autant plus pénétrable, que le pied de l'homme ne le foule presque jamais et l'abandonne aux reptiles venimeux qui s'y traînent de tous côtés. En outre, ces bois sont peuplés par des myriades de maringouins, un des fléaux de la Nouvelle-Orléans, et dont on ne parvient à se garantir, en naviguant sur le Mississipi, que par des *moustiquaires*, qui couvrent entièrement chaque lit. Qu'on imagine donc un homme, à peine sorti du sein d'une brillante assemblée, tombant tout à coup dans la sombre solitude de ces cyprières, et l'on comprendra les émotions que dut éprouver M. Robertson. Pour moi, dans un tel lieu, n'eussé-je pas entendu les sauvages miaulemens des chats-tigres, que je dirais, de bonne foi, les avoir écoutés, car je n'aurais pu empêcher mon imagination de me tromper.

Une petite clairière où le ballon était descendu n'avait juste que l'espace nécessaire pour le contenir. M. Robertson fit retentir aussitôt la forêt des sons saccadés et prolongés de son porte-voix; des cris lointains lui répondirent, et cette répétition de cris et de sons de part et d'autre servit à diriger la marche des nègres qu'on envoyait à son secours. Ces nègres portèrent le ballon, mais non pas l'aéronaute, qui les suivait, enfoncé dans le marécage jusqu'à la ceinture et, à l'aide de ses genoux, se traçait une route sans chercher à se dépêtrer, chose d'ailleurs impossible. La plante de ses pieds posait fréquemment sur les racines saillantes, dures et assez pointues des *boscoyos* que l'on trouve toujours réunies en familles. Un énorme serpent passa si près de lui qu'il le sentit glisser sur sa cuisse et jeta un cri; les nègres se retournèrent : « Qu'avez-vous, *mousou*, lui dirent-ils en regardant le serpent, il ne vous a pas piqué? ah! ce n'est rien. » Sur la lisière de la forêt il trouva M. C. Blache qui lui offrit obligeamment de monter dans sa voiture et le reconduisit à la ville; il y fut reçu en triomphe par le peuple. Au théâtre, où il se rendit ensuite, des applaudissemens et des félicitations générales l'accueillirent, chacun regardant avec curiosité et intérêt un homme qui une heure auparavant était dans les nuages.

La cyprière où M. Robertson avait opéré sa descente faisait partie de la plantation de madame Doriocourt, et les nègres qui l'avaient ramené étaient ses esclaves. N'est-ce pas un fait bien digne d'attention que de trouver aux Antilles et sur le continent américain les Colons d'origine française, de cette nation où le sentiment de l'égalité domine plus qu'en aucun autre pays et n'est pas moins introduit dans les mœurs que dans les opinions, plus intraitables et plus impatients qu'ailleurs sur les principes de la liberté pour les nègres. Les deux tiers de la population de la Louisiane sont dans l'esclavage. Tous les jours, à la Nouvelle-Orléans, on cote pour ainsi dire, à la bourse, le prix courant de ces malheureux ; il est rare de ne pas en trouver là une demi douzaine, presque nus, que l'on fait, d'ailleurs, déshabiller entièrement pour les mieux examiner, que l'on tourne et retourne en tous sens, que l'on marchande, que l'on achète et que l'on emmène comme bétail humain. Quant aux traitemens qu'ils éprouvent, quoiqu'il soit généralement honorable d'en agir envers eux avec humanité, quelques maîtres n'en suivent pas toujours les lois ; on citait même alors une toute jeune dame qui faisait fouetter ses esclaves de la façon la plus cruelle, et l'on assurait qu'elle en avait laissé expirer deux sous les coups de verges.

Cette horreur de l'esclavage et cette pitié pour les noirs, fruits de notre éducation, de nos mœurs et de nos lumières, conservent, à ce qu'il paraît, bien moins de vivacité sur les lieux mêmes. Entre les maîtres et les esclaves cet état de choses semble tellement convenu, tellement le fonds des idées réciproques des uns et des autres, qu'on s'y habitue comme à un fait ordinaire de la nature, et c'est-là un malheur de plus. Personne ne consent à briser toutes ses relations sociales pour s'établir le mandataire spécial de la philosophie universelle et de la philanthropie européenne. Il en est aussi à la Nouvelle-Orléans du duel comme de l'esclavage, la coutume y a force de loi. Ainsi un jeune écrivain, ami de M. Robertson, libéral en Amérique, comme il l'était en France, et de la même manière, débuta par des doctrines d'affranchissement général; assez brave pour vider, comme cela se pratique encore malheureusement, une affaire d'honneur, il fut assez philosophe pour écouter les conseils de quelques personnes qui l'engagèrent à suivre les voies judiciaires; c'en fût assez de ces deux erreurs, de ces deux griefs, pour lui ôter tout espoir de réussir dans le pays.

M. Robertson n'eut d'ailleurs, pendant son séjour à la Nouvelle-Orléans, qu'à se louer de tous les témoignages de bienveillance qu'on lui prodigua; ses expériences de fantasmagorie, autrefois offertes en France avec tant de succès par son père, y produisirent beaucoup d'effet. A l'une de ces séances, il reçut les *Osages* qui venaient s'embarquer pour l'Europe. Ces sauvages, objets de curiosité même dans cette ville, regardaient tout avec intérêt et ne s'étonnaient de rien. On sait qu'ils ont joué en France un triste rôle, et qu'on leur a contesté jusqu'à leur nom et leur origine. Il semble que le gouvernement d'alors aurait pu traiter avec plus de générosité des hôtes qui venaient de si loin pour connaître nos mœurs et nos usages; il fallait leur apprendre à les étudier, et ne point permettre qu'ils fussent réduits à monter sur les tréteaux pour vivre; ils auraient reporté dans leurs tribus le souvenir d'un noble accueil et des germes de civilisation, tandis qu'ils s'en sont retournés dégradés et avec le produit de l'aumône.

Au mois d'avril, temps où l'on commence à se défier des influences de la saison, M. Eugène Robertson, sollicité depuis long-temps d'exécuter une seconde ascension, détermina madame Olivier, jeune prêtresse de Therpsychore, à s'enlever avec lui. Cette nouveauté, piquant attrait d'un spectacle encore nouveau, attira dans la cour du couvent des Ursulines et aux environs une foule innombrable. Le temps était magnifique, les vents s'étaient apaisés : ils semblaient, dit le *Passe-temps*, vouloir respecter les jours de la jeune imprudente qui allait, pour la première fois, traverser leur empire. Un bruyant enthousiasme salua l'enlèvement de l'aimable sylphide et du galant navigateur (*), qui se.nait, dans l'enceinte, des vers où l'on trouve assez de grace et d'élégance, quoiqu'ils n'aient pas été faits à Paris, suivant le conseil de Voltaire.

A LA NOUVELLE-ORLÉANS, LE 29 AVRIL 1827.

Sur ce léger et trop fragile appui,
Suspendu sous ce globe, hélas! plus frêle encore;
Quittant quelques amis, un sexe que j'adore,
Aux zéphyrs inconstans je me livre aujourd'hui :
Je pars, et sans guider ma course vagabonde,
Je vole au haut des cieux voir le tableau du monde,
De ce vaste Univers contempler la splendeur,
Et plus près de son trône en admirer l'Auteur.
Recevez mes adieux, ô vous de qui les graces
    Font le charme de nos beaux jours;

———————————————————————

(*) Voici une anecdote assez curieuse :

« Au moment de l'ascension, deux spectateurs causaient ensemble... Dieu sait, disait l'un, quel mystère les nuages pourraient recéler... on est là sans témoin. — Comment donc, repartit l'autre, n'y a-t-il que les témoins qui puissent imposer de la retenue à un honnête homme? Vous me faites naître une idée, monsieur : si la séduction vous parait si facile dans un lieu où l'on doit être ensemble seulement quelques minutes, elle doit vous le paraitre bien davantage auprès de jeunes personnes que vous voyez tous les jours et quelquefois sans témoins. Dès aujourd'hui je vous remercie des leçons que vous veniez donner à mes enfants. Le second interlocuteur était un négociant, et le premier un maître de danse. »

Vous qui créez les Ris et les Amours
Que l'on voit à l'envi voltiger sur vos traces :
Si pour quelques instans je plane dans les airs,
Où se borne mon art, là finit mon empire :
Le vôtre est bien plus grand : on vous voit, on soupire,
 Et vous donnez des lois à l'univers,
  Par un regard, par un sourire.

Ils étaient suivis de cette imitation assez heureuse, de la prière bien connue de *Léandre* :

  O vous, ornemens de ces lieux,
  Beautés qui conjurez la Parque,
  Vos vœux suivent ma frêle barque ;
  Je pars, content, je vole aux cieux...

  Nous sommes deux pour le voyage,
  Voguez, ma barque, au gré du sort :
  Mais si je dois faire naufrage,
  Que ce soit du moins dans le port.

Le ballon, poussé doucement par une brise légère, passa au dessus du Mississipi, en face de la ville, et alla descendre dans la cyprière de M. Macdonough ; il ne put éviter cette fois la rencontre des arbres dont les branches l'endommagèrent et tinrent les voyageurs suspendus à quarante pieds de terre. Le soir même, madame Olivier, sous les traits d'une jeune villageoise écossaise, parut dans *la Dame blanche*, et fut accueillie par trois salves d'applaudissemens ; on trouva sa danse ravissante, comme si elle avait rapporté d'en haut une grace et une légèreté encore plus aériennes.

La veille de cette ascension, M. Robertson avait dîné chez le gouverneur Johnson ; les principaux habitans de la Nouvelle-Orléans se proposèrent d'offrir aussi un dîner au jeune aéronaute, et on lui en adressa l'invitation par la lettre suivante :

Nouvelle-Orléans, ce 6 mai 1827.

« Plusieurs citoyens recommandables de cette ville, « ayant conçu pour la personne et le mérite de M. Eu- « gène Robertson une estime toute particulière, et dési- « rant lui offrir un tribut de leur admiration pour ses « talens, et de leur reconnaissance pour le beau spec- « tacle qu'il a été le premier à présenter aux habitans de « la Nouvelle-Orléans, ont chargé les soussignés de l'in- « viter à un dîner qui doit lui être donné dimanche pro- « chain, à trois heures et demie, chez Me Herriès, rue « de Chartres. Les soussignés s'estiment heureux d'être « auprès de M. Robertson les interprètes de sentimens si « conformes à ce qu'ils éprouvent eux-mêmes pour un « homme destiné, par son courage et ses lumières, à re- « culer les bornes de la science qu'il cultive, et à parve- « nir à la même célébrité que son père. »

A. Morphy. John Gibson.
A. Peychaud.

Ce banquet fut présidé par M. Marigny, M. Moreau Lislet était vice-président; près de deux cents convives s'y trouvèrent, et la gaîté française l'anima de toute sa vivacité.

M. Robertson ne se pressait point de quitter un pays où il avait su se faire tant d'amis. La chaleur du climat augmentait cependant chaque jour; il sentit peu à peu dans tous ses membres un abattement singulier, et n'osant s'avouer la cause probable de cet état de faiblesse, il crut se guérir par l'usage des spiritueux et recourut au vin méridional de sa nation :

Doux compagnon d'exil sur un sol étranger!

mais le mal empira. Un médecin français, M. Legros, vint le visiter et lui déclara qu'il reconnaissait dans sa maladie les premières atteintes de la fièvre jaune, lui défendit sévèrement la continuation de son remède bordelais, et par des bains, des rafraîchissemens, des saignées surtout, la diète et la chambre, le mit, après quelques jours, en état de fuir un danger imminent. La fièvre jaune, en effet, après son départ, tarda peu à exercer de cruels ravages dans la ville.

On a vu que son premier dessein avait été de visiter le Mexique après la Nouvelle-Orléans; mais de nouveaux troubles, une nouvelle guerre intestine, lui fermaient ce pays. Il prit alors le parti de se rendre à la Havane, après être retourné à New-York, quittant ainsi un foyer empesté pour un autre non moins redoutable, mais espérant que des précautions soutenues le mettraient à l'abri du fléau. Il s'embarqua sur le Mississipi qu'il remonta jusqu'à l'embouchure de l'Ohio en lisant les œuvres de Bernardin de Saint-Pierre et de Chateaubriand...... Qui prétendrait animer un paysage où ces deux grands écrivains auraient déjà porté la vie? Qui oserait essayer d'un autre coloris en présence de leurs tableaux!

Il est un autre livre qui empreint tellement d'un charme ineffaçable l'époque où on le lit pour la première fois, qu'il devient impossible, d'oublier les lieux où l'on s'est livré à cette lecture, et de perdre le souvenir de circonstances, peut-être insignifiantes sans cela, qui ont pu l'accompagner; ce livre est *la Nouvelle Héloïse*. Un événement assez triste, et d'ailleurs assez ordinaire, vint graver profondément dans l'ame de M. Robertson l'effet des dernières lettres de cet ouvrage. Parmi les passagers du bateau à vapeur se trouvait dans la chambre contiguë à la sienne un jeune homme de Philadelphie, d'une famille riche, et à qui l'on avait conseillé les voyages sur mer, à cause d'une affection de poitrine dont il était atteint. Il retournait alors dans sa ville natale; mais il ne devait pas la revoir. A mesure qu'on remontait le fleuve, le déclin de sa vie augmentait; elle parut tellement près de sa fin à Natchez, que l'on recourut au ministère d'un prêtre qui se trouvait au nombre des passagers. M. Robertson le vit entrer, et c'était au moment même où il lisait l'entretien de Julie, au lit de mort, avec un ministre protestant; ce rapprochement de la fiction et de la réalité lui causa une émotion profonde. Il passa ensuite dans la chambre du malade dont un menuisier mesurait le lit; lui ayant demandé dans quelle intention, le menuisier répondit que le malade mourrait dans quelques heures, et que le capitaine avait ordonné de faire son cercueil pour qu'il pût être enterré aussitôt qu'il aurait rendu le dernier soupir, afin que le voyage ne fût point retardé. Peu de jours après, on mit à terre le cercueil, refermé sur une dépouille mortelle, et l'équipage descendit pour assister à l'enterrement. New-Madrid, où il eut lieu, est une ancienne ville qu'un tremblement de terre a détruite en ensevelissant sous ses décombres plusieurs milliers d'habitans; on se rembarqua, et les passagers achevèrent leur route sans celui qui l'avait entreprise avec eux.

M. Robertson quitta la navigation de l'Ohio à Louisville, traversa l'intérieur des terres et alla s'embarquer sur le lac Érié, après avoir visité le *Saut du Niagara*. Je me contenterai de rapporter sur cette célèbre cataracte le passage d'une lettre de M. Eugène Robertson à son père, à cause surtout de l'expérience bizarre dont il y fut témoin.

Du Saut du Niagara, le 12 septembre 1827.

«...J'ai visité la cataracte du Niagara, une des merveilles
«de la nature dans l'Amérique septentrionale. La grande
«facilité des voyages dans ce pays-ci, au moyen des ba-
«teaux à vapeur, réduit les frais à très peu de chose, lors-
«qu'on n'a que sa personne à transporter. Je n'essaie-
«rai point de te décrire ce qu'aucune description ne
«pourrait rendre, parût-elle hyperbolique. Qu'il te
«suffise de savoir qu'au milieu d'une nature presque sau-
«vage, entre des forêts de chênes et de sapins, il se pré-

«cipite une rivière à travers les rochers les plus escarpés ;
« que 670 mille tonneaux d'eau sont engloutis par minute
« dans un abîme dont la hauteur extérieure est de 160 pieds,
« mais dont la profondeur sous l'eau n'est pas connue. La
« nappe qui tombe, en figurant un grand fer à cheval, est
« de 1800 pieds de long sans être interrompue. La rivière
« du Niagara se divise en deux branches dont la plus petite
« présente une ligne droite de la longueur de 1050 pieds,
« et dont l'autre forme la cataracte. La violence avec la-
« quelle ses eaux s'élancent de ce côté vers le précipice,
« à cause de la grande pente du terrain, augmente telle-
« ment la vitesse et la force de la chute, qu'il s'élève con-
« tinuellement du fond de l'abîme un grand nuage de
« vapeur. On estime à 40 mille tonneaux, par minute, la
« somme d'eau qui se dissipe dans l'air : si l'on ajoute à
« tout cela mille arcs-en-ciel qui se jouent au milieu de ce
« déluge toujours renaissant, ainsi que les combinaisons
« de lumière, d'ombre et d'acoustique qui frappent les
« sens de l'homme, et surtout l'effet prodigieux de ce
« bruit que l'on entend à plus de sept lieues à la ronde pen-
« dant le calme des nuits ; l'imagination aura les élémens du
« tableau... mais le tableau lui-même n'existera jamais, il
« faut être là, en présence de la réalité... J'y étais, il n'y
« a qu'un instant, j'y étais seul et je ne pouvais me dé-
« fendre d'une pensée profonde : que le soleil se lève ou
« se couche, que la lune montre successivement toutes
« ses phases ; que toutes les révolutions du globe s'accom-
« plissent pour recommencer, cette immense nappe d'eau,
« va toujours tombant, toujours aussi vaste et aussi inta-
« rissable... N'est-ce point quelque image du temps, de
« l'espace, de l'éternité, de tout ce qui est infini, et bien
« au dessus de la nature de l'homme !

« Je viens d'être témoin d'un essai bizarre dont les
« journaux de France parleront sans doute, et que les
« aubergistes, je le crois, ont imaginé pour remplir leurs

«maisons; ils nous l'ont fait attendre long-temps. Dans
«un petit navire, qui a reçu le nom de *Pirate Michigan*,
«on avait renfermé deux ours, un buffle, un chien, un
«renard, quatre oies, un aigle, un chat et un raton
«(quadrupède dit *vigilant* du Brésil). Abandonné au cou-
«rant de la rivière, ce bâtiment a été d'abord entraîné
«rapidement, mais avant d'arriver à la chute, sa quille
«s'est brisée sur les récifs, deux mâts se sont cassés, et
«il s'y est fait une voie d'eau; mais le courant l'a ressaisi et
«poussé dans le précipice. On n'a sauvé du naufrage que
«deux oies et un ours, tous les autres animaux ont été
«mutilés, écartelés, et n'ont pas même reparu. Quinze
«mille personnes s'étaient réunies pour voir cette expé-
«rience d'un nouveau genre, qui n'avait jamais été tentée
«auparavant.»

Au saut du Niagara, M. Robertson fut victime d'un
vol de 4,000 francs, accompagné de particularités assez
piquantes pour mériter de trouver place dans un ouvrage
plus étendu, mais je n'en parle ici que pour rappeler la
moralité honorable d'un médecin de Philadelphie, qui
s'empressa, quoiqu'il n'y eût entre eux que de simples relations de voyage, de mettre un portefeuille bien garni
à sa disposition; M. Robertson put néanmoins se dis-
penser de profiter d'une offre dont les exemples ne sont
communs ni dans l'ancien ni probablement dans le nouveau Monde.

Les lecteurs me sauront gré, j'en suis certain, de rapporter à la suite de l'expérience si grotesque qui vient
d'être décrite, une épreuve terrible de la même cataracte;
c'est M. Levasseur qui cite ce trait dans son ouvrage de
La Fayette en Amérique, il date seulement de quelques années :

«Un jeune Indien dormait étendu dans le fond de son
canot qu'il avait attaché au rivage, un peu au dessous
de la petite ville de Chippewa; une jeune fille, qui avait

répondu à son amour, mais qu'il avait trahie pour une autre, vint à passer et l'aperçut. A cette vue, les fureurs de la jalousie allumèrent dans son cœur le désir de la vengeance. Elle s'approcha, détacha le canot et le poussa doucement au large; le courant s'en empara et l'entraîna avec rapidité. Bientôt le mugissement des flots éveilla le jeune Indien, qui, en ouvrant les yeux, reconnut l'imminence du danger qui le menaçait; son premier mouvement, inspiré par le sentiment de sa conservation, fut de prendre sa rame pour lutter contre le courant; mais il ne tarda pas à reconnaître l'inutilité de ses efforts, auxquels son impitoyable maîtresse insultait du rivage, par les cris d'une joie cruelle. Alors, n'ayant plus à opposer au sort qu'une courageuse résignation, il s'enveloppa dans sa couverture, s'assit au milieu de son canot, fixa froidement ses regards sur les portes de l'éternité qui allaient s'ouvrir devant lui, et quelques secondes après, disparut dans le gouffre...»

Quel affreux événement! mais la belle page de poésie!

XIᴱ ASCENSION.

A LA HAVANE.

19 mars 1828.

> Il couvre d'un regard l'immensité des mers.
> (E. R***, *Mort de lord Byron.*)

> Pois os vedados terminos quebrantas
> E navegar meus longos mares ousas,
> Que eu tanto tempo ha que guardo, e tenho
> Nunca arados de estranho ou proprio lenho.
> (Le Camoëns, liv. v.)

> Vous osez pénétrer dans ces vastes mers dont je suis l'éternel gardien, dans ces mers sacrées qu'une nef étrangère ne profana jamais

> Llama *Colon* la tierra, y aparece.
> (P. B. C. Aribau, *les globes aérostatiques de Montgolfier.*)

> Colomb appelle la terre, et elle apparaît.

J'aurais aimé, si j'étais aéronaute, à m'élever dans une nacelle au dessus de l'une des Antilles, de ces îles placées comme en avant-garde du Nouveau-Monde, pour découvrir au loin la première nef qui viendrait de l'orient, et lui rendre le courage sur les limites du désespoir. De la plus grande hauteur où je serais parvenu, j'aurais, par une illusion puérile, mais naturelle, tourné mes regards du côté de l'ancien continent pour l'apercevoir, et quoique mon horizon s'agrandit de toute ma distance du sol, ne voyant partout que la mer, et mesurant son immensité, j'aurais admiré le génie qui inspira la recherche d'un second univers, l'audace qui la fit entreprendre, et le bonheur qui la fit réussir. Bercé du souvenir de la sublime fiction du Camoëns, pour moi son géant du cap, son terrible Adamastor, c'eût été le gardien de la porte des Antilles: il aurait arrêté Colomb comme Vasco de Gama:

«Pourquoi, lui aurait-il dit, oses-tu sillonner un océan «vierge; que ton espoir devienne un vain rêve; non, tu «ne révéleras point à l'ancien continent le secret de l'exis-«tence d'un Nouveau-Monde, la cruauté de tes Euro-«péens le dépeuplerait bientôt.» Alors aurait apparu le génie de la civilisation; il aurait déploré la destruction de tant de peuplades indigènes, mais il aurait montré dans l'avenir une population innombrable et pressée sur un sol fécond et plein de sève, succédant à des tribus éparses, jouissant à la fois de tous les avantages des arts, fruit de l'accumulation des siècles et de toute la vigueur d'une moyenne jeunesse; l'indépendance de ce nouvel hémisphère servant de contrepoids à l'esclavage de l'ancien, et enfin la liberté donnant, des bords de l'Hudson, le signal aux vieilles nations européennes ; il eût attesté deux noms à naître pour la gloire du nord et du sud des Amériques, ceux de Washington et de Bolivar, et le passage se fût ouvert devant Colomb.

Certes, de tous les anniversaires, il ne saurait en exister un autre aussi solennel que celui du jour où notre monde apprit par une découverte si étonnante qu'il avait un frère. Ce n'est point, cependant, cet anniversaire que célèbrent les Espagnols; mais ils célèbrent, dans l'île de Cuba, celui du jour où l'autorité sacerdotale prit possession de tant de contrées, où se dit la première messe sur la rive du port de la Havane, et sous le feuillage d'un Ceiba. Un monument triangulaire avait été élevé, dès l'année 1754, à la place du Ceiba; le temps l'avait complétement dégradé, et les inscriptions étaient devenues illisibles ; le gouverneur de la Havane, le général Vivès, conçut l'idée de le réparer avec tous les embellissemens dignes des progrès actuels des beaux arts. Le 19 mars 1828, jour de la fête de la reine d'Espagne, on posa la première pierre de cette restauration; de grandes réjouissances et des fêtes brillantes eurent lieu à cette occasion, et M. Robertson en profita pour exécuter à la Havane un voyage aérostatique.

Mon dessein n'étant point de consigner ici quelques observations de mœurs, comme je l'ai fait pour la Nouvelle-Orléans, à cause de son ancienne parenté avec la France, je me contenterai de traduire la brillante description de ce voyage aérien, consignée dans une relation des fêtes générales qui eurent lieu à cette époque, écrite par M. Ramon de la Sagra, directeur du Jardin des Plantes, naturaliste encore très jeune, et déja assez distingué pour que M. Decandolle l'ait jugé digne de donner son nom à une nouvelle famille de végétaux. Il est essentiel, pour bien saisir l'esprit qui anime l'écrivain, de remarquer qu'aucune expérience aérostatique n'avait jamais eu lieu à la Havane :

« L'ascension du jeune Robertson, si digne de porter le nom de son père, était annoncée pour six heures du soir, et dès les trois heures une affluence nombreuse occupait le pourtour de la place des Taureaux et les principaux points du Champ-de-Mars ; l'édifice du jardin botanique et les terrasses de toutes les maisons se trouvaient couvertes de monde ; les avenues des chaussées de l'Horcon, de Saint-Louis de Gonzague, de la caserne des dragons et du quartier de *la Salud*, de la porte de terre, le glacis de la fortification depuis la pointe jusqu'à l'Arsenal, le parapet des Murailles, l'allée des Peupliers, tout ce grand terrain offrait comme une seule tache continue, formée par une multitude serrée. Un grand nombre de familles en costumes de promenade riches et élégans, et dans des voitures découvertes, s'étaient établies en différens endroits du champ, où elles jouissaient d'une douce fraîcheur répandue par un vent suave et délicieux qui soufflait du nord-ouest et rendait cette soirée la plus belle de l'année. — L'émotion, l'inquiétude, la curiosité et la crainte partageaient l'attention de cet immense concours ; cependant la réputation de l'aéronaute garantissait l'heureuse issue de l'entreprise qu'un ciel serein semblait se plaire à faciliter.— La musique de la place des Taureaux donna le signal du moment de l'ascension aux autres corps de musique distribués dans la promenade, comme aux jours de *galas* et de baise-main, et, au milieu du bruit harmonieux des marches militaires, des *vivat* et des acclamations dictés par l'enthousiasme et l'admiration, s'éleva le jeune Robertson dans sa fragile gondole, en agitant l'étendard espagnol. La vue suivait le ballon dans son ascension prodigieuse, tandis que l'intrépide voyageur, éclairé par l'astre qui déja s'était couché pour nous, balançait sa bannière, et répétait le nom de Joséphine-Amélie à une hauteur où jamais ne s'entendit la voix des mortels.

«L'effet le plus surprenant de ce prodigieux concours attaché à la contemplation de l'aérostat, se voyait de la terrasse de l'édifice du jardin botanique qui était comme le centre de cette immense réunion. L'étendue du lieu et l'incomparable sérénité du ciel faisaient ressortir ce tableau intéressant d'un peuple satisfait, réuni au jour de sa plus grande joie pour être témoin d'une scène dont la nouveauté égalait le grandiose; mais il n'était pas possible de conserver le calme nécessaire pour l'observer paisiblement et sans prendre part à l'enthousiasme général. — Élance-toi, semblaient dire à l'aéronaute toutes les physionomies également expressives, élance-toi, intrépide voyageur, dans la région des astres, et de là jouis de cette perspective singulière d'un peuple heureux! Ta vue déja accoutumée à s'étendre sur la riche New-York et sur la belle Lisbonne est encor neuve pour le spectacle qu'offre la Havane en ce jour de ses plus chers souvenirs. Oui, jeune Robertson, je l'imagine, et tu l'avoueras, jamais tu n'as découvert un spectacle plus magnifique, un tableau plus grandiose : au milieu de deux mers paisibles, la portion de l'île comprise entre le Batabano et la Havane, couverte de belles plantations de cannes et de café, et fertilisée par l'incomparable rivière et vallée des Guignes; à côté une cité populeuse au bord d'une plaine hérissée de palmiers royaux, centre de la richesse et de la civilisation des Antilles...! Écris en lettres d'or dans la région éthérée cette époque heureuse pour la Havane, en attendant que le désir de t'imiter naisse dans les ames de ceux qui te contemplent...!!!

« Le ballon avait déja disparu : la vue découvrait quelques étoiles de première grandeur dans le champ d'azur du firmament et l'atmosphère, nuancée, de rose vers l'orient et éclairée par une lumière semblable à celle d'une aurore boréale, indiquait qu'on avait commencé à illuminer la place d'armes. Cependant l'intrépide voyageur, qui avait excité l'intérêt d'une si grande assemblée, restait seul dans l'espace, hors de l'atteinte de la vue et dans le sein des ténèbres de la nuit. Cette idée était triste, mais le courage, les talens du jeune Robertson et le calme de l'air qui le portait sur ses ailes ne laissaient point de doute sur son heureuse descente. »

En effet, la descente de M. Robertson s'effectua très heureusement au milieu d'un champ d'ananas; mais il s'en fallut bien qu'on vînt à son secours sans hésitation. Une dixaine de personnes qui étaient accourues à ses cris, s'en tenaient éloignées avec crainte, se regardant les unes les autres et n'osant faire un pas, quoique M. Robertson les exhortât de son mieux. Ils finirent cependant par trouver tant de ressemblance entre sa voix et sa figure et la voix et la figure d'un homme que le plus courageux, malgré les instances de son oncle le curé, déclara qu'il se hasardait; on reconnut bien réellement que l'aéronaute n'était point un être étranger à la nature humaine, et la frayeur disparut.

Pendant huit jours, tous les journaux de l'île furent remplis de vers à la louange de l'aéronaute, les qualités brillantes de la prose que j'ai citée peuvent donner une idée avantageuse de l'imagination des poètes havanais.

Comme à la Nouvelle-Orléans, M. Robertson prépara une seconde ascension dont il laissa l'honneur à une demoiselle orléanaise, Mlle Virginie Marette, que nous allons retrouver à New-York. Une recette de dix-huit mille francs montre quelle affluence elle attira, et eût été un dédommagement raisonnable des périls d'une telle expérience, si les frais n'en avaient point absorbé les deux tiers; le manque d'acide qu'on fut obligé de se procurer à haut prix, par petites quantités, chez tous les pharmaciens, occasionna cette énorme dépense. Parmi les personnes qui lui prodiguèrent les encouragemens les plus bienveillans et les plus efficaces, notre jeune voyageur se plaît à citer le vertueux prélat don J.-J. Diaz de Espada, M. le gouverneur Vivès, M. l'intendant don Claudio Martinez de Pinillos, M. l'amiral Laborde, M. le colonel Pizarro, M. Ramires Gallo, et deux de ses compatriotes M. Dulong et M. Lacarrière-Latour.

Les Havanais et les Orléanais eurent raison d'admirer le courage de M. Robertson; pour offrir, le premier, à leurs yeux le spectacle d'une ascension aérostatique il n'avait point eu à braver seulement les dangers qui en sont inséparables et ceux qu'y ajoutaient encore la nature des localités et le voisinage de la mer, il lui avait fallu se résoudre à éprouver l'influence d'un climat funeste, voir en face le fléau de la fièvre jaune et l'affronter. Les précautions qui l'en préservèrent à la Havane furent la plus grande attention à ne pas sortir pendant le jour et dans les cas indispensables à sortir en voiture. Le nombre et la forme de ces voitures frappent les regards de l'étranger. Chacun dans cette ville a sa voiture, et n'a pas, quelquefois, son dîner; il n'est pas rare de voir nombre de personnes envoyer la leur sur la place pour en tirer le loyer d'une journée, d'une course, et parer ainsi aux besoins les plus urgens. Un nègre monté en postillon sur le cheval unique ou l'un des chevaux de l'attelage, conduit *la volante* dont les roues, d'une grandeur ridicule, dépassent la tête des personnes qui y sont assises. La largeur des jantes n'est pas moins remarquable ; les rues n'étant point pavées, les ornières abondent et l'on ne trouve point d'autre moyen de n'y pas tomber que de les couvrir par la largeur des roues.

Je ne quitterai point l'île de Cuba sans faire un rapprochement de quelque intérêt. A cette île aborda, en 1492, le premier vaisseau parti d'Espagne pour chercher l'Amérique, et c'est de son port que sortit, en 1829, la dernière escadre qui aura tenté de remettre sous le joug, les colonies espagnoles du Nouveau-Monde.

XIIe, XIIIe ET XIVe ASCENSIONS.

NEW-YORK ET PARIS.

18 septembre, 22 octobre 1828 et 3 août 1829.

> *Excussus curru* . . . .
> (VIRGILE.)
> Renversé de son char.
>
> *Ac circumfuso pendebat in aere....*
> (OVIDE.)
> Et il était suspendu dans l'air qui l'environnait.
>
> Salut à ma patrie!
> (BÉRANGER.)

Le sentiment que fait naître l'idée du retour dans la patrie est délicieux! L'âme a besoin, comme le corps, de sentir la privation de son bien le plus doux pour en connaître le prix; on jouit de la patrie comme de la santé, avec un laisser-aller, un oubli de ses bienfaits et de ses douceurs qui ne permettent jamais de les compter dans la part des avantages qu'on possède sur tant d'autres hommes qui en sont privés, et dont la félicité apparente est quelquefois si imprudemment enviée; mais, un jour, vienne l'absence! viennent les longs voyages et les périls nombreux! vienne le spectacle de visages étrangers, de regards indifférens et d'une sympathie dans tout ce qui vous entoure, à laquelle on n'est point admis!.. Alors on soupire pour ces lieux qu'on a quittés sans peine et avec ingratitude, où l'on se sent en communauté de vie et d'affections avec tout le monde, où, sans se parler, on semble toujours se dire quelque chose, où il règne dans les yeux et sur les traits des passans un langage qu'on sait lire et comprendre; où d'un regard, l'on s'interroge sur l'émotion du jour et l'attente du lendemain; où il existe enfin une joie et une tristesse de tous qui deviennent la joie et la tristesse de chacun, et votre joie ou votre tristesse à vous-même; ou se demande alors quel peut être le bonheur sans le foyer domestique et sans l'autel de la patrie!

M. Robertson était loin de son pays depuis quatre ans; de retour de la Havane à New-York, il saisit avidement l'idée qui lui vint de retourner en France et d'y attendre la cessation des guerres civiles dans les contrées américaines du sud; mais peu s'en fallut que ce désir ne reçût point son accomplissement et que le *Castle-Garden*, le théâtre de ses succès, ne vît sa fin tragique. Jamais les angoisses d'une multitude assemblée ne furent plus pénibles et plus cruelles qu'en cette occasion; le sort déplorable de plusieurs aéronautes, de Pilatre de Rozier et Romain, de Zambeccari, de Mme Blanchard, est sans doute bien connu; mais les uns périrent loin de la vue des spectateurs; et quelle que terrible impression que put causer la catastrophe arrivée à Tivoli, le malheur fut consommé d'un seul coup, et il ne resta plus qu'à déplorer la mort cruelle de la victime : mais voir pendant dix minutes un homme, qu'on vient d'encourager par ses applaudissemens, lutter dans les airs contre une chute affreuse que rien ne semble pouvoir prévenir; savoir qu'il vit, se dire à chaque seconde qu'il est encore temps de le sauver, et attendre à chaque seconde le moment de sa perte qui semble inévitable, ce sont là sans doute les plus violentes impressions auxquelles on puisse être livré. Tel est cependant le spectacle déchirant dont M. Eugène Robertson va devenir l'objet pour le lecteur.

Avant de quitter New-York, cet aéronaute crut devoir exécuter une dernière ascension dans une ville où il avait débuté si heureusement, et où aucune autre n'avait eu lieu depuis celle de sa flottille en 1826, c'est-à-dire depuis deux ans. Un concours nombreux et brillant remplissait, comme à l'ordinaire, l'intérieur du *Castle - Garden* et les environs. Les apprêts s'étaient faits avec promptitude, et un temps favorable semblait promettre au voyageur un brillant départ. M. Robertson s'éleva, aux acclamations générales. Tout occupé de saluer les spectateurs, il tournait le dos à un mât dont j'ai parlé, dressé à l'occasion de la fête de réception offerte au général La Fayette, et que, le matin même de l'ascension, il avait fait sentir la nécessité d'abattre pour prévenir tout accident fâcheux; on se souvient que lors de sa première ascension il l'avait déjà heurté, mais assez légèrement. Cette fois, il eut l'attention de placer son aérostat du côté opposé; mais comme il s'élevait dans la position que je viens d'indiquer, un coup de vent le poussa précisément, sans qu'il pût le remarquer, vers le point dangereux, et l'équipage aérien donna fortement contre le sommet du mât; non seulement les cordes s'embrouillèrent, mais le filet dérangé fit presque chavirer la nacelle d'où l'aéronaute fut renversé; toutes les femmes jetèrent un cri; il se cramponna pendant quelque temps à la nacelle et au cerceau, suspendu à cent pieds de terre; cette situation alarmante excitait une vive sympathie; chacun lui criait de saisir la *drisse* du mât; il multiplia vainement ses efforts pour l'atteindre, et l'intérêt allait croissant. On vit en ce moment un homme grimper le long du mât; aussitôt des applaudissemens unanimes l'encouragèrent; mais il ne put parvenir à mettre la corde à la portée de M. Robertson, la force lui manqua et il fut obligé de se laisser couler en bas.

En ce moment, M. Roberston, les pieds en haut dans la nacelle, et la tête en bas soutenue par les cordes, s'efforçait de saisir la *drisse*; le ballon flottait au dessus de sa tête à une élévation de soixante-dix pieds; un grand nombre de femmes crièrent de nouveau tandis que les autres fondaient en larmes, et que quelques unes éprouvaient, sans rien dire, les angoisses de l'agonie. S'il avait lâché prise en cet instant, il aurait eu le corps fracassé en tombant; mais son étonnante intrépidité ne l'abandonna pas une seule minute. On le voyait tantôt s'attachant à la nacelle, tantôt saisissant le drapeau en croyant saisir la corde du mât, et quelquefois cherchant vainement avec sa main quelque chose autour de lui pour s'y accrocher. Enfin, par un puissant effort, tel, disent les journaux américains, qu'on en a vu peu d'aussi hardi et de plus adroit, il se lança brusquement vers le mât et saisit la corde; un cri de joie délicieux partit de la multitude. L'instant d'après, M. Roberston, les talons toujours dans la nacelle, se tint à la drisse, tantôt des deux mains, tantôt d'une seule, forçant par des mouvemens de zigzag le ballon, qui avait souffert une grande déchirure, et dont le gaz se perdait, à s'approcher de terre; il en était encore à trente pieds lorsque toute la force de ses bras étant épuisée, il eut recours à ses dents pour donner à ses mains une seconde de repos, mais la force n'étant plus la même, la nacelle s'éloigna; ses pieds glissèrent, la corde lui brisa les dents et il tomba le long du mât, heureusement entre les bras de ses amis qui s'étaient serrés à l'entour et les tendaient en l'air pour le recevoir... Enfin il était vivant et debout sur ses jambes, alors tout le monde respira. On ne saurait se faire qu'une idée faible des pénibles émotions éprouvées par les spectateurs. On tira le canon coup sur coup pour rassurer au dehors la multitude alarmée, et lui annoncer que M. Robertson était sauvé.

Il est impossible qu'un homme se soit trouvé dans une situation plus critique et ait vu la mort de plus près; vingt fois, dans sa lassitude, dans son épuisement complet, M. Robertson se résolut à périr et à tout abandonner: mais les cris d'en bas, qui le dirigeaient et ne lui demandaient à chaque instant qu'un dernier effort, le sauvèrent.

Assurément, bien des hommes à sa place auraient renoncé, pour long-temps du moins, à la carrière des aérostats; M. Robertson résolut, au contraire, de ne point laisser aux Américains, pour dernier souvenir, celui d'un accident si déplorable, et d'obtenir promptement un triomphe éclatant. Qu'y avait-il en effet de particulier à l'usage des ballons dans ce qui venait de lui arriver? Ne voit-on pas d'exemples de gens qui se cassent les jambes en heurtant des blocs de pierre qu'ils n'ont pas aperçus, et d'autres qui versent en voiture pour mille raisons différentes? On ne manque jamais de s'écrier, lors de quelque mésaventure aérostatique, que les ballons offriront toujours un spectacle inutile et dangereux, tant que la direction ne sera pas trouvée, comme s'il n'avait pas fallu aller sur l'eau pour apprendre à diriger un navire, et s'il ne fallait pas aller dans l'air pour apprendre à diriger un aérostat : « J'ai vu à Riga une as-
« cension aérostatique de Robertson, dit Kotzebue, que
« j'ai déjà cité; je ne doute pas un instant qu'on ne
« parvienne bientôt à diriger les ballons; et je suis cer-
« tain qu'on y aurait déjà réussi, si le besoin, ce grand
« maître, avait fait entendre sa voix, comme probable-
« ment il l'a fait aux navigateurs qui ont parcouru le
« vaste océan. » Mais pour trouver et mettre en pratique la direction, il ne faut pas monter une seule fois dans l'air et venir ici-bas jouir de son triomphe pendant tout le reste de sa vie : il faut continuellement monter et descendre, éprouver l'air dans le calme et dans l'agitation, en haut et en bas, et toucher au doigt, pour ainsi dire, les variations de l'atmosphère dans ses différentes couches. Le nerf manque ici comme ailleurs, c'est l'argent. Le gouvernement avait bien créé sous la république des aérostiers, mais ils formaient un corps militaire, nullement scientifique et attaché uniquement au service des armées. Le maréchal Ney, qui dépensa de grosses sommes pour

cet objet, eut le tort de ne pas s'adresser à des physiciens pour ses expériences. Dans ses essais, il est nécessaire de réunir à la fois le courage et la science.

M. Robertson ne remit pas plus loin que le mois d'octobre à exécuter une nouvelle ascension. Une des particularités, la plus curieuse de ce dernier voyage, c'est qu'il eut lieu devant une députation de quinze indiens Winnebagos, nouvellement arrivés à New-York, et dont la présence était elle-même un spectacle. S'il n'est pas rare de voir des Indiens dans cette ville, il est peu commun d'en voir d'aussi sauvages ; et l'on se disait que les Parisiens, qui ont tant couru après les Osages, ne dormiraient plus s'ils possédaient les Winnebagos. Comme ce sont les Indiens les moins connus de tous ceux qui habitent le nord-ouest de l'Amérique, je cède volontiers au désir de mettre sous les yeux du lecteur des détails assez curieux recueillis alors, sur leur nation, leurs personnes et l'objet de leur visite à New-York.

Les Winnebagos sont une branche des Sioux, et forment une tribu vraiment guerrière. Carver, qui les a visités en 1763 ou 1764, pense qu'ils résidaient originairement dans quelqu'une des provinces appartenant au Nouveau-Mexique, et qu'ayant été forcés de quitter leur pays natal, cent ans environ avant qu'il ne les vînt voir, ils s'étoient réfugiés dans ces régions plus septentrionales. Si le chiffre qu'il donne de leurs forces est exact, on y trouve une exception extraordinaire à la loi générale de décroissement à laquelle les tribus indiennes paraissent soumises depuis l'établissement des Blancs. Carver porte à deux cents le nombre de leurs combattans, tandis que le major Forsyth et M. Kinsey nous apprennent qu'ils peuvent aujourd'hui en présenter quinze cents, et que la tribu comprend environ sept mille individus. Ils sont si bien organisés que deux jours leur suffisent pour réunir leurs combattans. Ils ont pris part à toutes les guerres contre les États-Unis, et leurs dispositions étaient plutôt hostiles qu'amicales à leur entrée sur le territoire de l'Union. Ils ont autrefois été long-temps en guerre avec les Renards, les Osages, les Pawnies et les Pattawatimies. Ils sont ennemis de ces derniers maintenant.

La rivière du Roc forme la limite entre les Winnebagos et les Pattawatimies. Les premiers sont possesseurs de cette portion de pays d'une immense importance, dont on porte l'étendue à cent cinquante milles carrés, situé entre les lacs Michigan et Mississipi, et connu généralement sous le nom de District de la Mine. Ce pays n'a pas plus de valeur pour les Indiens que toute autre étendue égale de terrain non cultivé, et serait pour les États-Unis d'un prix presque inestimable. L'acquisition en ouvrirait une communication libre et non interrompue par la route la plus convenable, entre la grande chaîne des lacs de l'ouest et le haut Mississipi, que l'on pourrait, rien du moins ne semble permettre d'en douter, réunir par une ligne d'eau facile et continue, moyennant une dépense comparativement modique. Le pays en lui-même est représenté comme ondulé et de la nature de ceux appelés ordinairement ici *hautes prairies* (*upland prairies*), ne présentant que peu de bois ou futaie d'une espèce quelconque. Le sol d'une grande partie en est, dit-on, très convenable pour les travaux de l'agriculture; mais la richesse principale s'y trouve au dessous de la surface. Toute cette vaste étendue de pays renferme le dépôt de minerai de plomb le plus abondant et le plus riche peut-être qui soit sur le globe. Il est littéralement inépuisable, et d'un accès facile, ne gisant souvent qu'à douze pieds de la superficie. On calcule qu'on n'a pas tiré moins de *douze* millions de livres de plomb, dans ce district, cette année.

Le trafic des Winnebagos s'est établi principalement

avec la compagnie américaine pour les fourrures, sur le haut Mississipi. Ils se sont crus jusqu'à présent la plus grande nation de la terre, et, au moment même ou leurs envoyés commencèrent leur voyage pour New-York, ils avaient encore la conviction que leur supériorité guerrière sur les États-Unis rendait la partie inégale. C'est dans l'intention de les détromper à cet égard qu'on les avait invités à entreprendre ce voyage. Il produisit, à ce qu'il paraît, l'effet désiré; car, quelque fier, résolu et hostile qu'il fût à son départ, le vieux chef *Naw-Kaw* dit à ses compagnons, quelques jours après leur arrivée, qu'ils avaient agi follement, que les *Faces-pâles* étaient trop nombreux pour eux; qu'il leur fallait être sages à l'avenir, et vivre en paix.

Ce chef *Naw-Kaw*, c'est-à-dire « le bois », âgé de 94 ans, bien portant, vigoureux, fortement musclé, d'une stature athlétique, était de la famille des Carramaw-nees. Un peintre, M. Catlin, dont le talent est très estimé, prit les traits de Naw-Kaw, se proposant de peindre aussi les autres. Mais ils avaient de la répugnance à poser, parce que c'est une de leurs superstitions de croire que, s'ils laissent prendre leur ressemblance, il leur arrivera quelque malheur.

Voici les noms des autres chefs :

Wan-kawn-haw-kaw, ou « peau de serpent », était un Day-kau-rays.

Hoo-wau-kay-ray-kay-raish-nee-kau, ou le « petit élan », assistait à la fameuse bataille de Tippecanoe, et reconnut de suite le général Harrison, en entrant à « New-York hôtel » pour voir le général Brady. Le petit élan était un des Car-ra-mau-nies.

Shan-ee-o-nee-kaw, ou « l'Espagnol. »

Wau-kawn-zee-kaw, ou « le serpent. »

Nau-heigh-kee-kow, ou « celui qui humecte le bois. » Ce chef, quoique âgé seulement de 38 ou 39 ans, s'était déjà distingué comme guerrier contre les Américains, particulièrement durant le siége de Meigs.

Ho-rah-paw-kaw, ou « tête d'aigle. »

Wau-tsho-zhoo-kau, ou « le guide. »

Wau-kaun-tshah-zee-kaw, ou « le tonnerre jaune. »

Tshi-zhum-kaw-kaw.

Noakh-tshook-he-kaw, ou « celui qui rompt le menu bois. »

Hah-kaw, « le troisième. »

Wau-kaun-tshar-heigh-kau, « celui qui commande au tonnerre. »

Tshee-o-nuzh-ee kaw, « celui qui est dans la maison. »

Mau-nau-pay-kaw, « le soldat. »

« Une seule femme accompagnait les envoyés Winnebagos. Son nom était *Haw-kay-tshah-nee-haykaw*, « celle qui suit; » et son occupation de raccommoder leurs chaussures ou mockassines et quelquefois de veiller à la cuisine. C'était la femme de « Tonnerre jaune, » et nous devons lui rendre la justice de dire qu'elle parut une compagne exemplaire, obéissante et silencieuse, se tenant tranquillement dans un coin, pour prendre avec circonspection sa nourriture, tandisque son seigneur et maître dînait d'une manière plus distinguée à la table.

Ces Indiens ont un mode singulier d'attacher un nom aux personnes dont ils font la connaissance; ils l'empruntent à quelque objet ou à quelque acte qui frappe particulièrement leur attention. Ainsi, ayant, il y a quelques années, vu le général Harrison mettre un cachet en cire sur quelque dépêche, ils lui ont donné le nom de « cire rouge, » sous lequel il est connu parmi eux depuis cette époque. La première pièce d'argent qu'ils aient vue appartenait à M. Kinsey, officier qui les accompagnait. Ils lui donnèrent en conséquence un nom qui répond à « pièce de monnaie » ou « argent. »

Les envoyés Winnebagos visitèrent les objets les plus

remarquables de la ville de New-York. Ce fut surtout la représentation de *la Vierge du Soleil*, où figurent des personnages indiens, qui fit sur eux une vive impression, et ils la manifestèrent dès le lever de la toile par des exclamations.

A l'ascension de M. Robertson, ils vinrent peints de couleurs brillantes et parés de leurs plumes peintes des jours de fête; on les fit placer au dessus de la grande porte d'entrée et sur la terrasse du salon. Ils regardèrent tous les préparatifs, et l'opération du remplissage, ainsi que la scène animée qui les environnait, avec une gravité impassible, et avec autant d'immobilité que si un tel spectacle et une telle assemblée eussent été très communs parmi les habitans des prairies. Mais une expression étonnante de surprise se peignit sur leurs traits sauvages lorsqu'ils virent le ballon et l'aéronaute quitter le sol et s'élever, ils frappèrent vivement leurs *tamahawk*, espèce de hache dont ils sont armés, et poussèrent des cris répétés en se regardant, comme s'ils allaient guerroyer; puis, devenus plus tranquilles, ils s'inquiétèrent beaucoup pour apercevoir la corde qui pouvait soutenir le ballon en l'air, comme s'ils soupçonnaient que ce fût le même procédé que pour l'élévation d'un cerf-volant. Cependant, lorsqu'on leur demanda ensuite ce qu'ils pensaient d'un tel spectacle, l'un répondit: «Rien;» et un autre: «Les Américains sont des fous.» On ne s'étonnera pas de ces réponses, lorsqu'on saura que, placés sur un vaisseau de guerre, on fit tirer une volée de tous les canons à la fois, et qu'ils n'en témoignèrent aucun étonnement.

Ces Indiens sont très fins en général, et on choisit naturellement ceux qui le sont davantage pour les envoyer en députation; on croit donc qu'ils se tiennent en garde contre leurs émotions, et composent l'expression de leur figure, précisément parce que les Américains cherchent à leur inspirer une grande idée de la puissance de la civilisation, et que les Sauvages affectent de la mépriser. Il y a ruse des deux côtés, afin d'obtenir, dans les échanges ou ventes de terre, des conditions meilleures.

Ces ventes partielles produisent souvent aux yeux des voyageurs, dans les États-Unis, des anomalies fort bizarres. S'agit-il de céder une certaine étendue de terrain? chaque Indien consent ou refuse; ceux dont on ne peut vaincre l'obstination ou l'attachement à leurs prairies, conservent la propriété de leur portion, quoique enclavée dans l'espace vendu, ce que l'on appelle des *réserves ;* de sorte, qu'il n'est pas rare de rencontrer dans le centre de la civilisation, une habitation, un hameau et même un village d'Indiens attachés à leurs mœurs sauvages, et qu'on ne cherche point à troubler.

L'ascension dont ces Winnebagos furent témoins était une des plus belles qu'on eût encore vues à New-York, et eut lieu par un temps magnifique; le mouvement de la population sur le bord de l'eau et sur les bateaux faisait un effet tellement pittoresque, qu'un peintre disait qu'il ne saurait la disposer aussi bien que le hasard la lui présentait, s'il en avait besoin pour un tableau. Une jeune personne, mademoiselle Virginie Marette, que nous avons déjà vue monter en ballon à la Havane, vint se placer avec grace et modestie dans la nacelle, et fut accueillie par des applaudissemens; en un instant l'aérostat fut loin de terre. L'obscurité commençait à envelopper le ballon de voiles plus épais, lorsque le lever de la lune produisit tout à coup un charmant effet de lumière; la lune et l'aérostat de grandeur à peu près égale pour les spectateurs, paraissaient deux corps de même nature, dont l'un descendait, tandis que l'autre s'élevait; on put les croire un moment si rapprochés l'un de l'autre, que M. Robertson, suivant l'idée ingénieuse d'un journal de New-York, semblait parler à un homme de la lune, et lui demander des nouvelles au profit exclusif des journaux du matin.

Le désir de ne point trop prolonger l'attente des spectateurs, n'avait pas permis de produire assez de gaz dans le ballon; non seulement l'aéronaute se vit empêché de faire, comme il l'avait projeté, une seconde excursion consacrée à des expériences scientifiques, après avoir déposé sa compagne sur terre; mais, quoiqu'il eût jeté tout son lest et même son habit, il ne put éviter de tomber dans la rivière de l'*Est* à un demi-mille du rivage. L'eau entra de quelques pouces dans la nacelle tout à jour. Je sais qu'on pourrait rendre ce bain de pied très poétique, et faire de la jeune dame, peu satisfaite sans doute d'être mouillée jusqu'à la cheville, l'objet de vingt comparaisons brillantes; mais le lecteur ne perdra rien à ma discrétion, et saura bien, j'imagine, retrouver dans beaucoup d'autres ouvrages ce que je ne cite pas.

Un grand nombre de petites barques accoururent en même temps, et environnèrent le ballon : la jeune voyageuse, à laquelle un *fashionnable* présenta la main, gagna le bord sur un plancher moins perméable que son char céleste, mais l'aéronaute ne voulut point quitter son équipage; l'aérostat le soutenait sur l'eau, le vent le poussait vers la rive, et une foule de petites barques le suivaient de côté et par derrière; cet ensemble formait un spectacle d'un genre tout nouveau qui avait attiré une grande multitude de curieux..... Mais, puisque nous voilà sur l'onde et que nous ne devons plus retourner dans les airs, ne changeons point d'élément, et disons tout de suite, que M. Robertson s'embarqua peu de temps après pour l'Europe, dans un de ces navires où l'industrie américaine a transporté l'acajou, les dorures, la soie et les glaces, en un mot, tout l'éclat et le luxe de nos magasins et de nos salons, dans un *Packet-Boat*; quelques coups de vent et une tempête même un peu forte tourmentèrent ce paquebot, mais il arriva heureusement en France après une traversée de vingt-cinq jours.

S'il est doux de revoir sa patrie, c'est surtout lorsqu'on a eu le bonheur, comme M. Eugène Robertson, de faire connaître dans des pays nouveaux quelque titre glorieux de son pays, et de contribuer dans sa sphère à inspirer une haute idée du génie des Français. L'aérostation est une de ses plus belles découvertes et une conquête pour laquelle il n'a point eu d'allié.

M. Eugène Robertson, depuis son retour en France, n'a fait à Paris qu'une seule ascension, dans le jardin de Tivoli, le 3 août 1829; arrivé à la fin de cet essai que j'ai, malgré moi, trop prolongé, je ne donnerai point les détails de ce voyage aérien, le dernier qu'on ait exécuté sous le règne des Bourbons de la branche aînée; je remarque cette particularité, parce que le même aéronaute est le premier qui rouvre la carrière sous le règne de la dynastie nouvelle. L'arrivée tardive de la duchesse de Berry causa une certaine déperdition de gaz du ballon, dont la force ascensionnelle, neutralisée par le vent, ne suffit plus pour enlever M. Robertson avec une jeune dame qui devait l'accompagner; après avoir franchi les murs de Tivoli, l'aérostat s'abattit au milieu des tombes du cimetière de Montmartre; là, il déposa sa compagne et remonta avec un élan proportionné au poids dont il s'était allégé; après avoir traversé la plaine Saint-Denis dans sa longueur et suivi assez long-temps cette direction, il descendit à Tremblay où le vent ne le laissa pas maître de son ballon; croyant avoir devant lui de hautes murailles, et se souvenant de l'aéronaute anglais Sadler qui, dans une descente, fut lancé contre une cheminée et perdit la vie, il préféra tout abandonner. *Une heure* plus tard le ballon alla tomber à Château-Thierry, à *vingt-deux* lieues de Paris: les habitans voulurent s'en emparer, mais ayant imprudemment détaché la nacelle et l'ayant dépouillée de son filet, le ballon, considérablement allégé, prit de nouveau la fuite et l'on en n'a, depuis, reçu aucune nouvelle.

Je n'ai point eu la prétention de donner l'histoire détaillée des voyages aériens de M. Eugène Robertson, qui ont d'ailleurs cela de remarquable, qu'à un seul près, ils ont tous eu lieu dans des ports de mer; aussi, quoique je ne me sois point montré prodigue, dans le cours de ma narration, des épithètes de courageux et d'intrépide qu'on n'oublie jamais d'accoler au nom d'un aéronaute, son courage et son intrépidité n'en auront pas moins, sans doute, excité l'admiration du lecteur. N'ayant voulu que réunir en quelques pages ce qu'ils offraient de plus brillant, j'ai négligé, à regret, une foule d'observations et d'expériences scientifiques fort intéressantes ; mais, riche de souvenirs et de notes curieuses autant qu'instructives, cet aéronaute s'occupera lui-même quelque jour, sur ce sujet, d'un travail plus complet et plus important.

OBSERVATIONS

SUR

LES COURSES DE CHEVAUX LIBRES

DITS BARBERI.

> Jeune fils indompté des forêts de l'Ukraine,
> Égalant dans son vol la rafale africaine,
> Il fuit, et son beau corps par l'écume est blanchi ;
> L'œil ne peut mesurer le sol qu'il a franchi.
> Son cœur est appelé vers de lointains rivages ;
> Il trouve devant lui, dans les plaines sauvages,
> Les fleuves, les ravins, les rochers ; cependant,
> Il court, il court plus vite et toujours plus ardent !
> (Le comte Jules de Rességuier, *Mazeppa*.)

> Cent fois plus criminel et plus injuste encor,
> Celui dont le coursier, pour mieux prendre l'essor,
> Avec art amaigri, bien loin de la barrière,
> Sous l'acier déchirant dévore la carrière,
> Et, contraint de voler plutôt que de courir,
> Doit partir, fendre l'air, arriver et mourir.
> Des vains jeux de l'orgueil épouvantable scène !
> Et qui peut, sans rougir de l'injustice humaine,
> Voir ces coursiers rivaux, leurs violents efforts,
> De la vie à la fois usant tous les ressorts,
> Tout leur corps en travail sous le fouet qui les presse,
> Ces longs élancements, cette immense vitesse
> Dont l'éclair les dérobe aux yeux épouvantés,
> Leur souffle haletant, leurs flancs ensanglantés ?
> Et pourquoi ? pour qu'un fat s'appropriant leur gloire,
> Sur leurs corps palpitans crie : A moi la victoire !
> Et que d'un vil pari le calcul inhumain
> De cet infame honneur tire un infame gain.
> (Delille, *la Pitié*.)

« Tout est bien, sortant des mains de l'auteur des choses, a dit Rousseau, tout dégénère entre les mains de l'homme... Il mutile son chien, son cheval, son esclave. » Et du temps de Rousseau les courses du Champ-de-Mars n'existaient pas.

Les vers que j'ai tirés de M. Jules Rességuier montrent les chevaux au sein de la nature ; le tableau de Delille les fait voir entre les mains de l'homme ; n'oublions pas cependant qu'une vérité trop généralisée peut devenir un paradoxe ; voilà pourquoi on a reproché tant d'opinions paradoxales à Rousseau qui a dit tant de choses vraies.

Mais le lecteur, qui me voit tout à coup tomber de l'Empirée sur la terre et descendre de ballon pour monter à cheval, n'est-il point tenté de me demander par quelle transition raisonnable je reporte son attention du premier de ces objets sur le second ? Toute mon excuse, en vérité, serait de placer ici le programme de la fête que M. Eugène Robertson se propose de donner au Champ-de-Mars, et qui réunira le spectacle de courses de chevaux libres et d'une ascension de l'aéronaute avec la flottille, déjà décrite dans une des expériences précédentes. Telle est l'occasion pour laquelle j'ai tracé ces ESSAIS. Je n'ai pas dû refuser de les faire suivre de quelques observations sur les *courses* en accueillant, sous sa responsabilité, plusieurs idées de l'écuyer M. Pain qui aspire à introduire en France l'usage des courses de *Barberi*.

Tout Paris a assisté aux courses du gouvernement, et sait comment elles se passent : pour les spectateurs habituels de ces solennités, le tableau de Delille est sans aucune exagération. Ce fut pendant les fêtes de la révolution que le gouvernement français imagina de donner en spectacle, au public, des courses à l'instar des Anglais, de ces amateurs passionnés, pour lesquels il faudrait créer le mot d'*hippomanie* ; mais on ne fit pas assez d'attention à la différence des races, à l'état de leur croisement et des progrès de l'éducation chevaline dans les deux pays. Il paraît constant que les chevaux anglais jouent avec les épreuves qui tuent les nôtres ; qu'on juge d'ailleurs de la persévérance qu'il a fallu à nos voisins dans leurs efforts, puisque la race si renommée et si brillante dont ils sont en possession, n'est point originaire de leur pays, et n'est due qu'à des croisemens multipliés : quant aux moyens dont ils se servent pour obtenir dans les courses toute l'émulation et toute la vitesse possibles, les vers suivans du même poète qui nous adresse des reproches si énergiques, prouvent combien ils s'éloignent de notre barbarie :

> Ah! voyez Albion, cette terre chérie,
> Albion des coursiers indulgente patrie.
> C'est là que de leur race entretenant l'honneur,
> L'homme instruit leur instinct et soigne leur bonheur.
> Avec moins de plaisir ces hordes inconstantes
> Qui, près de leurs coursiers, reposent sous leurs tentes,
> D'un zèle fraternel veillent à leurs besoins :
> Le coursier est sensible à ces généreux soins.
> Aussi, que la carrière à ses yeux se présente,
> L'homme à peine contient sa fougue impatiente ;
> Sans le fouet meurtrier, sans l'éperon sanglant,
> Il part, entend son maître, et l'emporte en volant,
> Touche le but, revient, et fier, levant la tête,
> Semble d'un pied superbe applaudir sa conquête.

Sur le but même de l'institution, ne semble-t-on pas s'être trompé en se proposant celui des courses d'Angleterre ? Dans cette contrée, terre classique et vrai château fort de l'aristocratie, d'immenses richesses concentrées entre les mains d'un certain nombre de familles, au prix de l'aumône laissée en patrimoine à quatre millions d'habitans, permettent aux amateurs d'énormes sacrifices pour former, conserver et acquérir des chevaux du prix le plus élevé ; le double exercice des promenades et de la chasse, le luxe obligé des écuries, et le privilége de vendre à l'Europe entière les baux produits de leur race leur permettent de diriger tous leurs efforts vers la perfection des chevaux de selle ; mais où trouver en Europe un autre pays où un particulier puisse placer sur un beau cheval, comme cela s'est vu quelquefois en Angleterre, cinquante, quatre-vingts, et même cent mille francs.

En France, au contraire, trois à quatre mille francs donnent ordinairement le maximum du prix d'un étalon (*), et le commerce des chevaux de selle manquerait de débouchés sans le service de la cavalerie; que l'on n'espère donc point introduire dans nos mœurs un goût exclusif que l'état des fortunes rend impossible. On a fait remarquer avec raison que l'extrême vitesse ne suppose et ne compense pas les autres qualités, celles du fonds, par exemple, indispensables pour un usage d'utilité réelle : les courses de durée peuvent seules les garantir; la lutte des coursiers arabes ne se renferme pas dans une lice circulaire de quatre mille mètres, ils fendent l'air à la voix de leur maître et le portent vainqueur à dix *heures* de leur point de départ. Mais les Arabes abandonneraient leur vie à tous les périls avant de se décider à déchirer le ventre de leurs chevaux à coups de cravache et à leur ouvrir les flancs avec l'arme cruelle de l'éperon. Cette arme des plus énergiques châtimens et dont l'emploi n'est conseillé par les sages écuyers que comme exception, devient un stimulant sans relâche dans les courses françaises, et quels que soient l'obéissance et les efforts du malheureux animal qu'il excite, la molette ne quitte point sa chair entrouverte et s'y enfonce toujours plus avant, ou si elle en sort, c'est pour causer des tourmens plus sensibles et plus vivement répétés. Aussi la tension de leurs muscles par la douleur jette les coursiers par de là trente-huit pieds de terrain à chaque seconde, et celui qui est monté par le jockei le

---

(*) On peut citer, comme exception, que M. de Rieussec refusa en 1825, soixante mille francs d'un étalon.

plus impitoyable, ou dont la sensibilité pour l'aiguillon de fer s'épuise le moins vite, arrive le premier au but; mais dans quel état ! combien l'on frémirait d'horreur si l'on pouvait voir la poitrine en feu de ces malheureux vainqueurs! Sur la totalité des chevaux mis en courses, les dix-neuf vingtièmes sont incapables de subir les conditions destructives imposées par les règlemens; vainement ne présente-t-on dans la lice que les mieux éprouvés et ceux qui ont fait l'orgueil des herbages; il en est plusieurs qui meurent à la peine et les autres ne triomphent qu'aux dépens d'organes essentiels dont la perte plus ou moins lente suit presque inévitablement les épreuves du Champ-de-Mars. On a beau faire, les tortures ne sauraient suppléer aux moyens naturels, et ce ne sont point les effets prodigieux de la douleur qu'on devrait constater. Quelques Anglais ont-ils donc tort lorsqu'ils regardent nos courses comme des caricatures de celles de New-Castle et de New-Market, et nous refusent le droit de reprocher au peuple de don Miguel ses combats de taureaux.

Cependant on est bien éloigné de l'opinion que les courses ne soient pas d'un puissant intérêt dans les combinaisons qui ont pour but l'amélioration des races, les encouragemens à donner aux éleveurs, et le goût des chevaux à répandre parmi le plus grand nombre possible d'hommes riches; mais des amateurs éclairés pensent qu'en favorisant en France, d'abord comme spectacle, les courses de chevaux libres dits *Barberi*, on obtiendrait les mêmes résultats par des moyens plus nobles et surtout plus humains.

C'est l'Italie, où tous les tableaux qui flattent l'imagination ont tant d'empire, ce sont les villes de Rome et de Florence qui offrent dans leur enceinte, et au milieu d'une population avide, le spectacle de ces courses où des chevaux, la crinière flottante et tous les mouvemens libres, graciés du fardeau d'un conducteur, et livrés sans guide au seul instinct de l'émulation, se disputent la gloire de se devancer mutuellement et font les plus grands efforts, au moins dans la seule mesure de leur force, pour remporter le prix de la lutte. « Cela fait peur, « dit l'auteur de Corinne, il semble que ce soit une pensée « sous cette forme d'animal. » Mais l'auteur des *Tablettes romaines*, M. Santo Domingo qui cite ce trait de l'imagination de madame de Staël, rassure le lecteur en lui dévoilant le mécanisme, où la métaphysique n'entre pour rien, qui produit cette ardeur capable de faire naître la peur d'une pensée sous l'enveloppe chevaline.

Ce genre de course a été essayé pour la première fois à Paris en 1828, et le public a paru le goûter. Il offre tout l'agrément et plus d'agrément peut-être que les courses montées, sans révolter comme celles-ci tous les sentimens louables, et laisser dominer toutes les autres impressions par la pitié. Si l'on est forcé de se servir d'excitans, il s'en faut beaucoup qu'ils engendrent des supplices, et ils semblent plutôt de nature à avertir vivement l'instinct du cheval qu'à lui arracher des efforts surnaturels; toutes ses beautés, tous ses avantages de forme, d'encolure, de fierté, de noblesse et de volonté s'y développent avec grace et avec éclat; il signale dans ces exercices sa bonne volonté, son adresse et son intelligence, qualités précieuses qui disparaissent dans l'action unique de vitesse imprimée aux victimes des courses montées. Enfin, l'émulation, la plus noble qualité de son instinct, s'y déploie tout entière, et l'on obtient pour résultat de ces brillantes épreuves ce que peuvent donner réellement la vitesse et le fonds, sans ce que les exigences barbares de l'homme y ajoutent d'artificiel et de forcé; on objectera peut-être que d'excellens chevaux ne se prêteront pas à ces jeux, mais les soins et les ressources de la pratique ne sont-ils pas tout puissans ?

Les nouvelles courses de *Barberi*, dont le Champ-de-Mars, dans peu de jours, sera le théâtre pour la seconde fois, donneront peut-être, sous ce rapport, une nouvelle impulsion aux idées. Je ne saurais terminer ces courtes observations, sans dire quelques mots de trois chevaux qui figureront dans ces courses ; le nom de l'un d'eux provoque le récit d'une de ces anecdotes où se peignent d'un seul trait les mœurs et le caractère des Arabes, et les deux autres doivent la vie à un étalon, exemple singulier des retours de fortune chez les animaux de même que chez les hommes.

Le premier a reçu le nom de *Daës*, qui en Arabe signifie *j'arrache* ; voici quelle singularité d'origine ce mot était destiné à rappeler : Un Arabe possédait une jeune cavale, dont il faisait tant de cas, qu'il ne croyait aucun étalon digne de lui donner de la progéniture ; et précisément un autre Arabe de la même tribu était possesseur d'un si bel étalon que rien au monde ne l'aurait décidé à le laisser féconder une seule jument. Un célibat perpétuel semblait donc devoir être le partage de ces deux superbes coursiers, lorsqu'un hasard favorable vint tromper tous les calculs de l'égoïsme de leurs maîtres. Chacun de ceux-ci avait une jeune fille de seize à dix-sept ans, à laquelle il confiait le soin de conduire à la fontaine ou au ruisseau le plus voisin le cheval objet de tant d'orgueil. Un jour les jeunes filles se rencontrèrent au même ruisseau : on prévoit déjà ce qui ne peut manquer d'arriver : à l'aspect l'un de l'autre l'instinct amoureux des enfans de l'Arabie les embrasa d'une ardeur difficile à contenir. Les jeunes filles se regardèrent, le visage rouge de pudeur, et s'enfuirent, laissant le champ libre aux ébats du couple alors indomptable : quand elles revinrent de leur surprise, et que la crainte du courroux de leur père eut dissipé leur timidité naïve, tout le mal était accompli, l'accouplement avait eu lieu. Celle dont le père était possesseur de l'étalon, se présenta devant lui fondant en larmes, et lui conta l'aventure. Grande fut la colère de l'Arabe; sa jalousie lui inspira l'idée d'une vengeance singulière : au milieu de la nuit, il sortit de sa tente, se glissa le long de celle où dormait son rival, et parvint jusqu'à la jument, devenue, malgré lui, la belle épouse d'*Awach* ou *le tortu*. Alors, enfonçant son bras jusque dans ses entrailles, et fouillant dans l'asile où fructifie la génération, il essaya d'arracher le germe qu'y avait déposé l'étalon, et crut avoir réussi; mais ses efforts furent trompés, et six mois après *Daës* naquit de cet hymen fortuit et dérobé. Je tiens cette anecdote de M. Damoiseau, qui partagea deux ans et demie la vie vagabonde des Arabes, afin d'acquérir des chevaux de cette race pour le compte du gouvernement français; quelques particularités de naissances assez bizarres pour rappeler le souvenir du fils d'*Awach*, l'ont engagé à donner le nom de *Daës* à un poulain dont les qualités brillantes ne démentiraient pas d'ailleurs une si noble parenté.

Les deux autres chevaux dont j'ai parlé sont des fils de *Mocharref*, dont le nom signifie, également en langue arabe, *heureux après le malheur*. Né en Arabie, et amené à Paris par un Grec, qui le vendit 10,000 francs, *Mocharref*, par de singulières vicissitudes, devint simple cheval de labour; revendu quarante écus, il ne parut même plus digne de la charrue, et les Buttes Chaumont semblaient le réclamer, lorsqu'il tomba pour le prix de 63 francs en d'excellentes mains, qui lui ont rendu tout son éclat; il est devenu un des plus beaux étalons de la capitale.

ON TROUVE CHEZ LES MÊMES LIBRAIRES :

MÉMOIRES RÉCRÉATIFS, SCIENTIFIQUES ET ANECDOTIQUES du physicien-aéronaute *E. G. Robertson*, connu par ses expériences de Fantasmagorie, et par ses ascensions aérostatiques dans les principales villes de l'Europe; ex-professeur de physique au Collége central du ci-devant département de l'Ourthe, membre de la Société galvanique de Paris, de la Société des arts et des sciences de Hambourg, et de la Société d'émulation de Liége; ornés de planches et figures.

3 VOL. IN-8° — PRIX : 8 FR. LE VOLUME.

On se procure aussi cet Ouvrage chez l'AUTEUR, boulevard Montmartre, n° 12; et chez WURTZ, libraire, rue de Lille, n° 17.

———

MANUEL DE L'ÉLECTEUR ou Analyse raisonnée de la Loi du 19 avril 1831, conférée avec la jurisprudence ancienne, destiné à servir de guide à tous les Électeurs.

Sous presse, pour paraître en juillet 1831.

ANNUAIRE ÉPHÉMÉRIDES UNIVERSEL pour 1830, avec une Table analytique, par E. ROCH, auteur de l'*Annuaire des Budgets*. Prix : 3 fr. pour les souscripteurs et 4 fr. pour les non souscripteurs. (*Voir le Prospectus.*)

De l'Imprimerie de RIGNOUX, rue des Francs-Bourgeois-S.-Michel, n° 8.

www.ingramcontent.com/pod-product-compliance
Lightning Source LLC
Chambersburg PA
CBHW070318100426
42743CB00011B/2463